나는 너를 모른다니까!

먼저 살고 봐야지~

느낀다··· 느낀다··· 느낀다···

나를 쳐다보지도 않고··· 내 생각도 무시하고··· 떡볶이도 안 사주고··· ······

나를 보여주지 않을 거야ㅋㅋ

나는 누구지?

우리 셋은 상 같이 얘기해야 되지 않니?

...아?

내가 우리학교 고민 왕이야~

넌 바보야♡!

잘 자고

밥 잘먹고

잘 놀고···

엄마, 내 인생은 내 거라구웃!!!

...라고?

난 왜 이렇게 공부를 못 할까?

그래그래 네 말이 맞아!

아, 갑자기 벽을 치고 싶어!

타임머신, 꼭 만들고 말겠어!

어떻게 저렇게 잘하지··· 아, 질투가 또 올라온다!

내 말은 아무도 안 들어 줄 거야.

아, 화가 난다 화가 나!!!

화가 났다가 엄마도 힘들었겠다 생각했어.

엄마가 내 친구 콩이보다 내 머리가 크다고 해서···

아, 생각대로 안 되네.

나는 용돈을 줄이고 싶어.

앞으로 우리 머리 크기 갖고는 친구들과 비교하지 말자!

아니다, 다르게 생각해야 해!

친구 말을 잘 들어줘야 한대.

나는 뭘 잘하지?

그래, 내가 공부를 못 하는 건 무슨 다른 큰 뜻이 있을 거야. 아빠도 공부를 못 했는데 잘 살잖아!

엄마는 어때? 한번 생각해 봐.

그건 니 생각이고!!

뭘?

나는 너를 모른다니까!

먼저 살고 봐야지~

느낀다… 느낀다… 느낀다…

나를 쳐다보지도 않고… 내 생각도 무시하고… 떡볶이도 안 사주고… ……

나는 누구지?

나를 보여주지 않을 거야ㅋㅋ

우리가 어떻게 알아?

우리 셋은 항상 같이 얘기해야 되지 않니?

이상해⚡

엄마, 내 인생은 내 거라구웃!!!

잘 자고

밥 잘먹

내가 우리학교 고민 왕이야~

넌 바보야⚡!

잘 놀고…

뭐라고?

난 왜 이렇게 공부를 못 할까?

그래그래 네 말이 맞아!

아, 갑자기 벽을 치고 싶어!

타임머신, 꼭 만들고 말겠어!

어떻게 저렇게 잘하지… 아, 질투가 또 올라온다!

내 말은 아무도 안 들어 줄 거야.

아, 화가 난다 화가 나!!!

화가 났다가 엄마도 힘들었겠다 생각했어.

엄마가 내 친구 콩이보다 내 머리가 크다고 해서…

아, 생각대로 안 되네.

나는 용돈을 줄이고 싶어.

앞으로 우리 머리 크기 갖고는 친구들과 비교하지 말자!

아니다, 다르게 생각해야 해!

친구 말을 잘 들어줘야 한

엄마는 어때? 한번 생각해 봐.

나는 뭘 잘하지?

그래, 내가 공부를 못 하는 건 무슨 다른 큰 뜻이 있을 거야. 아빠도 공부를 못 했는데 잘 살잖아!

그건 니 생각이고!!

뭘?

뭐? 걔가 내 뒷담화를 하고 다닌다고?

갈등 지혜롭게 해결하는 10대

갈등 지혜롭게 해결하는 10대

초판1쇄 발행 2023년 9월 20일

지은이 김신실 · 김지영
그린이 김지희
펴낸이 정광진

펴낸곳 봄풀
디자인 모아김성엽

신고번호 제406-3960100251002009000001호
신고년월일 2009년 1월 6일

주소 주소 경기도 고양시 일산동구 숲속마을2로 141
전화 031-955-9850
팩스 031-955-9851
이메일 spring_grass@nate.com

ISBN 978-89-93677-83-6 43180

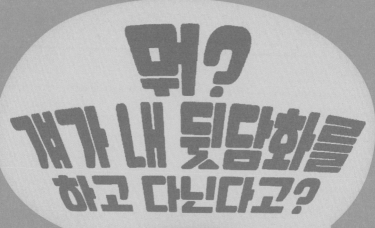

친구, 가족, 이성 등과의 어렵고 불편한
관계를 멋지게 풀어내는

갈등 지혜롭게 해결하는 10대

김신실·김지영 글 / 김지희 그림

프롤로그

"나에게 혼자 파라다이스에서 살게 하는 것보다 더 큰 형벌
은 없을 것이다."

《젊은 베르테르의 슬픔》,《파우스트》등의 명작을 쓴 독일
작가 괴테가 '관계'에 대해 한 말이에요. 혼자 사는 것보다 누
군가와 함께 살아가는 게 인간인 우리에게 중요하다고 알려주
고 싶었던 것 같아요. 수많은 심리학자도 자기(Self)의 발달이
나 성격이 형성되는 데 있어 '관계'가 아주 중요하다고 이야기
했어요. 생애 첫 시작부터 관계가 만들어지니까요.

우리는 이처럼 평생토록 관계 속에서 살아요. 그런데 관계
는 왜 이렇게 어려운 걸까요? 선생님이 상담실에서 만나는 많
은 10대 친구들도 엄청 고민해요. 가족, 친구, 이성 등과의 관
계에서 종종 갈등이 생기는데 수학 문제처럼 잘 풀리지도 않
고, 정확한 답도 없어 답답하다고요.

상담의 윤리규정인 '비밀보장'을 위해 사례들은 각색되었지만, 이 책은 상담실 속 친구들의 고민에서부터 시작되었어요. 부모의 품에서 벗어나 다양한 관계를 맺기 시작하는 10대 청소년들의 고민과 눈물을 조금이라도 덜어낼 수 있기를 바라며 실타래처럼 얽히고설킨 관계를 풀어내는 방법을 담았답니다.

책을 읽다 보면 절로 고개가 끄덕여질 때가 있을 거예요. 누군가의 이야기지만 나의 이야기와 같다는 생각이 들 테니까요. 부디 좁은 상담실 안의 눈물겨운 이야기들이 상담실 밖으로 뛰쳐나와 넓은 세상 속에서 많은 10대들과 함께하길 소망합니다. 그래서 혼란스러운 관계, 어렵고 불편한 관계 속에서 헤매는 10대 여러분이 따뜻한 위로를 받고, 풀어내는 지혜를 찾아갔으면 좋겠어요.

엉켜버린 실타래처럼 도저히 풀 수 없을 것만 같은 사람과 사람 간의 어려운 숙제들. 자, 이제 선생님과 함께 하나씩 하나씩 천천히 풀어가 볼까요? 각 이야기의 끝자락에 주어진 질문들을 나 자신에게 묻고 적용해 가면서 말이에요. 선생님이 우리 친구들 옆에서 응원할게요.

파이팅!

차 례

Part. 1

나는 도대체
왜 이럴까요?

Part. 2

엄마 아빠가
왜 이렇게
미워질까요?

Part. 3
친구들 때문에
돌아버리겠어요

Part. 4
여친과 자꾸
키스하고 싶어요

Part **1**

나는 도대체
왜 이럴까요?

나도
나를
잘 모르겠어요

"세상에 홀로 있는 아기는 없다."라는 말이 있어요. 사람은 태어나자마자 엄마 아빠와 끈끈한 관계를 이어가면서 존재하게 된다는 거죠. 누군가의 도움 없이는 아무것도 할 수 없는 아기였던 나는 엄마 아빠의 도움을 받아 젖을 먹고, 아장아장 걸으며, 성장한답니다. 뿐만 아니라 형제자매들, 친척들과도 관계를 맺어요.

그러다 어느덧 호기심 어린 눈을 동그랗게 뜨면서 어린이집, 유치원, 학교에 다니고, 그 안에서 친구, 선배, 후배, 선생님 등과 만나죠. 그렇게 수많은 관계 속에서 어느 날은 행복해서 하늘 높이 날아오르기도 하고, 어느 날은 슬픔에 빠져 허우적

거리기도 해요. 그런데 이런 관계는 오로지 나와 다른 사람과의 사이에만 생기는 걸까요?

우리는 '관계'라고 하면 보통 나와 내 주변 사람 사이만 생각해요. 하지만 정작 내가 맺어야 할 가장 중요한 관계는 따로 있어요. 바로 '나'라는 존재와 스스로 맺는 관계예요.

나와 내 주변의 관계를 한번 볼게요.

10대 청소년이 된 지금의 나는 그리 오래지 않아 엄마 아빠와 떨어져 그토록 원하던 독립을 하게 될 날이 올 거예요. 그래도 보고 싶을 때면 언제든 만날 수 있는데요. 그런 엄마 아빠와 영원히 이별할 날도 찾아오겠죠. 물론, 마음속엔 여전히 소중한 흔적들이 남겠지만, 더 이상 직접 얼굴을 마주하고 이야기를 나눌 순 없어요. 친구는 어떤가요? 같은 병원에서 태어나 동네 놀이터를 함께 누볐던 배꼽 친구도 이사 가거나, 학교가 달라지거나, 전학 가면 멀어지고 말죠.

이처럼 다른 사람과의 관계는 언젠간 끝나요. 하지만 나 자신과의 관계는 평생 헤어지지 못하고 죽을 때까지 지속돼요. 그래서 너무 중요하고 소중한 거예요. 그런데 상담실에서 만난 10대 친구들 대다수는 친구, 부모님, 동생 등과의 갈등 때문에 고민하면서 자기가 어떻게 해야 하는시 물어요. 정작 가장 중요한 나 자신과의 관계에 대해서는 잘 생각하지 않죠.

　이 글을 읽고 있는 친구들도 이제야 '아, 나 자신과의 관계도 있구나!'라며 무릎을 칠지도 몰라요. 사실, 다른 사람들과 좋은 관계를 맺는 비결은 내가 나와 어떤 관계를 맺고 있느냐에 달려 있는데도 말이에요.

　나 자신과 관계를 잘 맺고 있는지 알아보는 도구로 '조하리의 창(Johari's Window)'이 있어요. 인간관계 심리학에서 중요하게 언급되는 이론으로, 심리학자 조셉 러프트(Joseph Luft)와 해리 잉햄(Harry Ingham)이라는 사람이 소개했는데요. 네 개로 구성된 이 창을 통해 나의 관계 스타일을 알 수 있어요.

　'열린 창'의 영역이 넓은 사람은 개방적이에요. 자신의 느낌이나 생각, 행동 등을 잘 표현하므로 자신이나 다른 사람들이 모두 '나'를 잘 알게 돼요. 사람들과의 관계에서 나를 내보이는 건 매우 중요해요. 이를 '자기개방'이라고 하는데요. 자기개방을 잘하면 남들과 좋은 관계를 맺을 수 있어요. 서로를 잘 알게 되고 충분히 이해하니 관계가 좋아지는 게 당연하죠.

　다음으로 '보이지 않는 창'의 영역이 큰 사람은 남들은 나를 알고 있는데, 정작 나는 나에 대해 잘 모르는 사람이에요. 종종

열린 창 Open area

나도 알고
다른 사람도 아는
나에 대한 부분

보이지 않는 창 Blind area

다른 사람은 알고 있으나
나는 모르는
나에 대한 부분

숨겨진 창 Hidden area

나는 알지만
다른 사람에겐 감추어진
나에 대한 부분

미지의 창 Unknown area

나도 남도 모르는
나에 대한 부분

"너는 너 자신에 대해 잘 모른다."라는 말을 듣기도 하는데요. 다른 사람 눈에는 눈치가 없고, 둔해 보이며, 자기주장이 너무 강한 사람처럼 비치기도 해요.

또 '숨겨진 창'이 큰 사람은 나는 나를 잘 알고 있으면서 남에게는 감추는 부분이 많은 사람이에요. 다른 사람에게 나를 보여주는 데 매우 신중하죠. 사람들 앞에서 내 모습을 잘 보여주지 않고 주로 집에서나 편안한 사람 앞에서만 진짜 모습을 드러내기 때문에 사람들에게 "집에서와 밖에서의 모습이 다르다."라는 이야기를 듣기도 해요. 또 나를 잘 드러내지 않으니 친구들이 쉽게 다가가지 못하죠. 어떤 사람인지 잘 모르니까요.

마지막으로 나도, 다른 사람도 잘 모르는 '미지의 창'이 큰 사람은 '고립형'으로도 볼 수 있어요. 나도 모르는 나에 대한 영역이 많아 답답하죠. 게다가 나는 물론 다른 사람도 이해하기 힘든 일들이 일어나고, 갈등이 생겨도 해결할 수 없을 때가 많아요.

나에 대해 더 많이 알아야 표현할 수 있고, 남들과 좋은 관계를 유지할 수 있어요. 어때요? 다른 사람과의 관계만 고민하고 신경 쓸 게 아니라 나 자신과의 관계에도 관심을 쏟아야겠

나는 도대체 왜 이럴까요?

다는 생각이 드나요?

그럼 나 자신과 관계를 잘 맺으려면 어떻게 해야 할까요?

첫 번째는 친구에게 "넌 뭘 좋아하니?"라고 묻는 것처럼 나에 대해 궁금해하고 관심을 가지는 거예요. 그러면 나에 대해 더 많이 알게 되죠. 남에게 나를 잘 보여줄 수 있어 관계도 좋아지고요.

두 번째는 다른 사람이 내 이야기를 할 때 귀 기울여 들으면서 남이 말하는 내가 모르는 나에게도 관심을 가지는 거예요. "타인은 나를 비추는 거울"이라는 말이 있어요. 상대방을 통해 스스로는 보지 못하는, 또는 보이지 않는 부분을 보는 거죠. 진심 어린 눈으로 바라보고 이야기해주는 친구나 부모님을 통해 나를 더 잘 알게 된다면 나뿐만 아니라 남과의 관계도 긍정적으로 바뀔 거예요.

물론, 10대 시기에는 남들이 하는 이야기가 다 귀찮고 듣기 싫어질 때도 있긴 해요. 그렇다고 자존심만 앞세워 '나에 대해 뭘 안다고 이러쿵저러쿵이야?'라고 생각하며 친구들이나 부모님이 나에 대해 하는 말에 귀를 막고 토라진다면 어떻게 될까요? 나를 알아갈 좋은 기회를 놓치는 거예요. 나를 소중히 여기는 사람들이 말하는 나에 대해서도 겸손한 마음으로 생각해

볼 수 있어야 진정 용기 있고 멋진 10대랍니다.

10대 시기에는 '나는 누구지?'라며 스스로 의문을 가질 때가 자주 있어요. 하지만 자신 있게 대답을 못 하죠. 나를 잘 모르니까요. 그 대답을 찾아가는 일이 나 자신과의 관계를 소중히 여기는 일이에요.

끊고 싶어도 끊어낼 수 없는, 평생 함께할 수밖에 없는 나 자신과의 관계 맺기! 이제 본격적으로 들어가 볼까요?

나는 도대체 왜 이럴까요?

다음 '조하리의 창' 중 나는 어느 창에 속할까요?

눈금을 이어서 내가 속하는 창의 크기를 알아보세요.

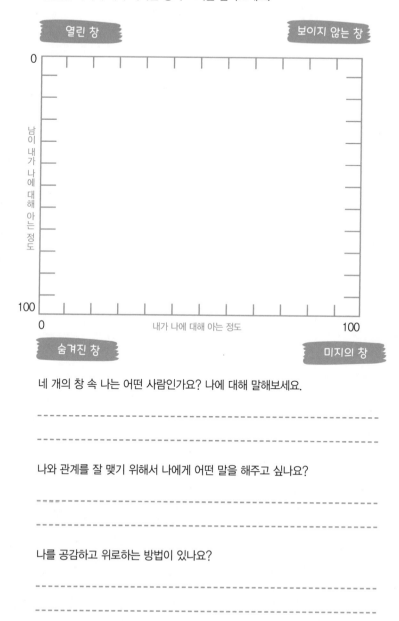

네 개의 창 속 나는 어떤 사람인가요? 나에 대해 말해보세요.

나와 관계를 잘 맺기 위해서 나에게 어떤 말을 해주고 싶나요?

나를 공감하고 위로하는 방법이 있나요?

변덕쟁이가
된 것 같아요

다미의 편지

새 학기 첫날 자기소개, 정말 싫어요. 뭘 어떻게 말해야 할지 모르겠거든요. 저는 말하기 좋아하고 활발한 편이라고 생각했는데, 요즘에는 전부 귀찮아요. 그냥 방에서 혼자 음악 듣는 게 좋아요. 그런데 음악도 박력 넘치는 아이돌 노래가 좋았다가 감성 충만한 발라드가 좋아지고, 계속 바뀌어요. 이젠 제가 활발한 사람인지, 조용한 사람인지도 잘 모르겠어요.

기분은 또 어떻고요! 밥 먹을 때는 좋다가도 다 먹고 나서는 갑자기 나빠져요. 엄마랑 재밌게 얘기하다가도 어느 순간 걷잡을 수 없을 정도로 화가 나요. 하고 싶은 것도 계속 바뀌고,

연락하고 싶은 친구도 매번 달라지죠. 기분도 오락가락, 친구도 오락가락, 생각도 오락가락하니 제가 누군지, 어떤 사람인지 도무지 알 수가 없어요. 도무지 갈피를 잡을 수 없으니 변덕스러운 이상한 사람이 되어버릴까 봐 걱정돼요.

다미에게

다미 친구가 참 많이 혼란스러운 것 같아요. 행동도 기분도 생각도, 심지어 취미까지 왔다 갔다 하니 도대체 내가 어떤 사람인지 감을 잡을 수가 없죠? 나에 대해 한마디로 "나는 활발한 사람이야."라거나 "책 읽는 걸 좋아하는 사람이야."라고 말할 수 있으면 얼마나 명확하고 좋을까요. 그렇게 분명하게 나를 보여줄 수 있다면 다른 사람도 '나'라는 사람에 대해서 잘 이해할 수 있을 텐데 말이에요.

선생님도 어릴 때 딱 다미와 같은 고민을 했어요. '왜 나는 생각이 자꾸 바뀔까? 나는 누구지?' 늘 궁금했어요. 조금 다르게 행동한다면 그럴 수 있지 하겠는데, 너무나 다른 행동들이 툭툭 튀어나오니 정말 당황스러웠죠. 분명 수다쟁이라고 생각했는데 낯선 곳에 가서는 말 한마디도 못하는 나를 보면서 '이게 나라고?' 실망하기도 했죠. 그래서 다미의 마음이 진짜로 공감 가고 이해돼요.

아마 말은 안 해도 많은 친구들이 비슷한 고민을 하고 있을 거예요. 못 보던 내 모습을 발견할 때마다 자동으로 '이게 나라고?' 하는 의문이 들죠. 10대 청소년들은 이렇게 내가 누군지에 대해 많은 고민을 해요. 그래서 에릭슨이라는 심리학자는 청소년기를 "자아 정체성을 형성하는 시기"라고 불렀답니다. '자아 정체성', 쉽게 말해 '내가 누구인지 아는 것'인데요. 그 고민을 시작하는 시기가 바로 10대 사춘기랍니다!

어릴 때는 별생각 없이 말하고 행동했지만, 이 시기가 되면 뇌의 급격한 확장공사로 생각이 깊어지고 또 많아져요. 자연스럽게 '나'라는 사람을 한 발짝 떨어져서 관찰하기 시작하죠.

나는 도대체 왜 이럴까요?

그러다 익숙한 내 모습이 아닌 처음 보는 내 모습을 볼 때면 놀라고, 당황스럽고, 어색하고, 심지어 불편하기까지 해요. 그러니 도대체 나는 누구인지 혼란스러울 수밖에요.

그럼 어떻게 해야 할까요? 혼란스럽더라도 다양한 내 모습을 수용해야 해요. 다미처럼 자신에 대해서 치열하게 고민하고, 불편하더라도 용기를 내 여러 가지 내 모습과 마주하는 게 아무 고민 없이 이 중요한 시기를 그냥 지나가는 것보다 훨씬 좋아요. 건강한 정체성이 형성될 수 있거든요.

마르샤(James E. Marcia)라는 미국의 발달 심리학자가 있어요. 다미처럼 자아 정체성의 위기를 겪는 청소년들을 대상으로 집중연구해 '정체감의 상태'에 대해 4가지 단계로 구분했어요.

첫째는 '정체감 혼미(identity diffusion)' 단계예요. 나에 대한 고민을 시작조차 안 한 상태죠. 그래서 자제력이나 자존심, 자발성 등이 떨어지고, 어떤 행위나 말을 할 때 충동적으로 행동할 가능성이 커요. 진로 선택에도 어려움을 겪게 되고요.

둘째는 '정체감 유실(identity foreclosure)' 단계예요. 이 역시 나에 대해 질문하거나 의문을 제기하지 않아요. 주변 이야기를 그대로 받아들여 '나'라는 사람을 이해하는 상태죠. 친구가 "너는 참 착해."라고 하면 별 고민 없이 '나는 착하구나.'라고

생각하거나, 엄마가 "너는 말이 너무 많아."라고 하면 '나는 말이 많은 사람'이라며 단순하게 받아들이는데요. 자신에 대한 신뢰가 낮고, 의존적이라 자신감이 떨어져 있어요.

셋째는 '정체감 유예(identity moratorium)' 단계예요. '내'가 누군지에 대해 생각하고 고민하지만, 아직 '나'를 분명하게 이해하지 못하는 상태예요. 이런 친구들은 내가 누구인지에 대해 분명하게 답을 내리려고 노력하지만, 명확한 답을 찾지 못해 불안해할 수 있어요. 그렇지만 앞선 혼미나 유실 단계의 친구보다 '내'가 누군지 적극적으로 찾아가려고 애쓰기 때문에 다음의 정체성 성취 단계로 넘어갈 가능성이 아주 크답니다.

넷째는 '정체감 성취(identity achievement)' 단계예요. '내'가 누

나는 도대체 왜 이럴까요?

군지 비교적 정확하게 알며, 직업이나 삶의 목표 그리고 관계 속에서 무엇을 원하는지를 잘 아는 친구들인데요. 여러 분야에서 앞선 단계의 친구들보다 성숙하고, 스트레스도 잘 극복하며, 자기를 믿고 신뢰함으로써 주도적으로 살아가요. 그리고 이 단계는 정체감 유예의 단계를 꼭 거쳐야 하죠.

다미는 이 중 어디에 속할까요? 아직은 나에 대해 다 알지 못해 혼란스러워하면서도 고민을 많이 하는 '정체감 유예' 상태로 보이네요. 이 시기에는 다미처럼 '내'가 누군지 계속 고민하고 걱정해야 해요. 사실, 이 고민은 평생 하게 될지도 몰라요. '나'라는 사람은 시시각각 변하고 달라지기도 하거든요.

딱 한 가지 모습만 가진 사람은 없어요. 누구나 입체적이고 다양한 모습을 갖고 있어 관계에 따라 다르게 행동하기도 해요. 친구 중 한 명을 떠올려 봐요. 어떤 친구인가요? 활발한 친구? 말 많은 친구? 조용하지만 잘 들어주는 친구? 아마 여러 모습이 떠오를 거예요. 그런데 다른 친구는 그에 대해 다르게 기억할지도 몰라요. 사람에게는 여러 모습이 있으니까요. 바로 이 다양한 모습을 알아가면서 정체성을 형성하는 거예요.

건강한 정체성이라고 해서 '난 참 좋은 사람이야. 난 잘하는 게 많아. 나는 내가 너무 좋아.'라고 생각하는 게 아니에요. '내가 어떤 걸 잘하고 못하는지, 어떨 때 기분이 좋고 화가 나는지, 어떤 친구와 잘 맞고 잘 안 맞는지' 등을 충분히 알아가면서 '어떤 모습의 나라도 괜찮아, 이만하면 충분해!'라고 여기는 마음을 가지는 거죠.

다 잘하고, 언제나 착하고, 모두와 사이좋은 사람은 이 세상 어디에도 없어요. 그러니 다미 친구, 자신에 대해 더 치열하게 고민해보세요! 그 안에서 어떤 나를 만나든지 평가하거나 비난하기보다는 '나는 이런 면이 있구나!'라며 나의 어떤 모습이라도 기꺼이 인정했으면 좋겠어요. 그렇게 여러 가지 내 모습을 만나다 보면 분명 괜찮은 나를 찾아낼 수 있을 거예요.

다미, 파이팅!

나는 도대체 왜 이럴까요?

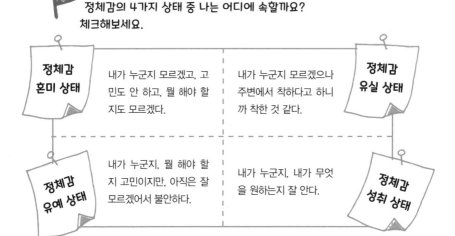

정체감의 4가지 상태 중 나는 어디에 속할까요?
체크해보세요.

| 정체감 혼미 상태 | 내가 누군지 모르겠고, 고민도 안 하고, 뭘 해야 할지도 모르겠다. | 내가 누군지 모르겠으나 주변에서 착하다고 하니까 착한 것 같다. | 정체감 유실 상태 |
| 정체감 유예 상태 | 내가 누군지, 뭘 해야 할지 고민이지만, 아직은 잘 모르겠어서 불안하다. | 내가 누군지, 내가 무엇을 원하는지 잘 안다. | 정체감 성취 상태 |

정체감 성취 상태로 가려면 나는 어떤 노력을 해야 할까요?
말풍선을 채워 보며 나를 알아 보아요.

좋아하는 것
싫어하는 것
듣고 싶지 않은 말
내 이름은?
내 성격은?
듣고 싶은 말
불편한 친구
좋아하는 친구
좋아하는 수업

"중요한 건 나에 대한 여러 가지 모습을 평가하거나 비난하지 않고 잘 관찰해 보는 거예요. 여러 모습 속에는 꽤 괜찮은 내가 있을 거예요. 그걸 찾아내는 친구가 되길!"

자꾸 못났다는
생각이 들어요

다미의 편지

선생님, 요즘 온몸이 물기를 잔뜩 머금은 스펀지처럼 축 늘어진 채 우울해하는 제가 너무 싫어요. 저는 왜 잘하는 게 하나도 없을까요? 친구들은 적어도 하나씩은 있는 것 같은데 전……. 이런 내가 너무 바보 같고, 거울에 비친 저를 보면 참 못났다는 생각이 들어요. 못나서 그런지 아무도 저를 사랑하지 않는 것 같아요. 그럼 저라도 사랑해야 하는데 도무지 그런 마음이 생기지 않아요.

실수투성이, 바보, 멍충이! 어제도 또 수업시간에 어리버리하다가 그만 선생님 질문에 엉뚱한 대답을 했어요. 친구들에게는 칭찬도 많이 하고, 상처를 받아도 용서하면서 정작 나 자신에게는 너무 엄격한 것 같아요. 작은 실수라도 하면 몸서리쳐질 정도로 내가 싫어지거든요.

다미에게

다미 친구! 자신이 마음에 들지 않는군요. 하지만 다미뿐만 아니라 우리 대부분은 그렇게 자기를 비난할 때가 많아요. 선생님이 만나는 친구들도 다미처럼 한숨을 뒤섞으며 하소연해요. 아마 10대라면 그럴 때가 종종 있을 거예요. 시험 중 긴장에 쩔어 실수했을 때, 나보다 말 잘하는 친구를 만났을 때, 친구들과 싸웠을 때, 어른들의 잔소리를 들을 때 등 말이에요. 아니, 아무 이유 없이 하루에도 몇 번씩 내가 싫어지기도 해요.

선생님도 그랬어요. 10대 시절 내가 너무 싫었죠. 드라마 속 여주인공은 긴 생머리를 휘날리며 하얀 피부를 자랑하는데, 거울 속 나는 반 곱슬머리에 부스스해 촌스러워 보이는 데다 피부마저 까무잡잡해 까마귀들이 친구 먹자고 달려올 것 같았거든요. 게다가 키까지 작아 친구들이 땅에 붙어 다니냐고 놀릴 정도였어요(안타깝지만 지금도 크게 다르진 않아요. 그래도 지금은 내가 싫지 않아요).

"엄마는 왜 나를 이렇게 낳았어요?" 울면서 원망한 적이 한두 번이 아니에요. 생각했던 내 모습이 아니라 실망하고, 책 속에서 본 정의를 실현하는 멋진 주인공과 너무 다른 내 모습에 실망하고……. 그때는 나를 싫어하고 미워하는 데 에너지를 온통 다 썼던 것 같아요.

도대체 10대에는 내가 왜 이렇게 싫어질까요?

나에 대해 진지하게 고민하고 탐구하는 이 시기에는 누군가 조금이라도 나에 대한 부정적인 말을 하면 쉽게 상처 받아요. 가령, 친구가 아무 생각 없이 "엇, 너 얼굴에 여드름 났네."라며 사실을 이야기했을 뿐인데도 거울을 보며 '내가 더 못생겨 보이는 건 아닐까? 가뜩이나 못생겼는데 더 못생겨졌네.' 하며 걱정하죠. 10대는 특히 외모에 관심이 집중될 때잖아요. 그래서 나를 더 비난하고 싫어하게 된답니다. 자존감이 바닥을 치는 시기인 거죠.

심리학 이론 정립에 한 획을 그은 정신분석학의 대가 프로이트(S. Freud)는 우리의 성격구조를 원초아(id), 자아(ego), 초자아(superego)로 나누었어요.

그중 원초아는 본능적인 쾌락을 좇는답니다. 현실과 상관없이 내가 하고 싶은 게 떠오르면 앞뒤 생각 안 하고 바로 덤비

다~ 먹어버릴 거야.

죠. 맛있는 걸 보면 먹고 싶고, 예쁘거나 멋진 물건이 있으면 갖고 싶은 욕구를 좇으며 살아가는 거예요. 똥이 마려우면 주변 상황이나 엄마의 사정 따윈 상관없이 어디서든 "똥, 똥" 하며 본능적 쾌락을 따랐던 어릴 때처럼요.

자아는 원초아의 본능과 내게 주어진 현실 사이에서 중재하고 통제하는 역할을 해요. 원초아가 하고 싶은 걸 떠올리면 자아는 '현실적으로 이게 가능할까?' 하고 따져보는 거죠. 맛있는 걸 보면 먹으려는 원초아의 본능적 욕구에 대해 수업시간 중에는 먹으면 안 된다고 알려주면서 우리의 행동을 통제한답니다. 10대는 똥이 마렵다고 그 자리에서 바로 싸진 않잖아요.

지금 먹으면 안 돼. 참아야 해.

다음으로 초자아는 이상을 추구해요. 부모님으로부터 학습한 가치관이나 사회적으로 바람직해 보이는 이상을 좇아 도덕적이며 규범을 지키는 삶을 살아가려고 하죠. 그리고 내가 옳다고 생각하는 대로 행동하기 위해 자신을 채찍질한답니다. 가끔 엄마가 아무도 안 본다고 도로에서 무단횡단하는 모습을 보며 혀를 끌끌 찬 적 있죠? 그럴 때면 내가 지켜야 한다고 생각하는 규범을 어기는 엄마가 좀 한심해 보이고, '나는 절대 그러지 말아야지!' 하고 다짐하는 거죠.

10대는 초자아가 급격히 발달하는 시기예요. 성격구조에서 초자아가 가장 우세하고, 초자아가 발달하면서 성숙한 어른으로 성장하죠. 그런데 이때의 초자아는 스스로 자신에게 비난을 많이 퍼붓는 가혹한 판단자가 돼요. 그러다 보니 내 생각대로 살지 못하는, 세상 원칙을 따라가지 못하는, 엄마 아빠의 기대에 부응하지 못하는 내가 한심스럽고 싫어지죠. 또 부모님 눈에 하찮게 보이지는 않을까 하는 두려움 때문에 더 완벽한 존재가 되려고 애쓴답니다.

어때요? 청소년기에 왜 그토록 나를 비난하고 싫어하게 되는지 이제 이해되나요? 물론, 도덕성도 뛰어나면서 모든 걸 완벽하게 해 나갈 수 있다면 더할 나위 없이 좋겠지만, 누구나

나는 도대체 왜 이럴까요?

우러러보고 인정하는 으뜸 인간이 되면 좋겠지만, 신이라면 모를까 세상에 과연 그런 사람이 존재할까요?

우리는 지금 이상적인 나를 현실에 맞춰가는 중이에요. 그래서 한계를 느낄 수밖에 없고, 부족한 나를 만날 수밖에 없어요. 지금 필요한 건 완벽한 존재로 살기 위해 발버둥치기보다, '난 완벽한 존재야! 난 최고야! 난 멋져!'라는 말들로 자신을 치켜세우려 애쓰기보다, '실수해도 괜찮아'라거나 '이만하면 괜찮아'라고 다독이는 거예요.

예전에는 없는 자존감을 끌어올리려 아침마다 거울을 보며 '난 정말 멋져.', '난 사랑스러워.'라는 말을 주문처럼 했어요. 하지만 이런 공허한 말들은 오히려 의문을 갖게 하고, 마음속에서 '사실 난 멋진 존재도, 사랑스런 존재도 아닌데……'라고 반박하게 되어 좋지 않다고 해요. 또 이런 말을 되뇔수록 내가 정말 멋져야만, 대단한 일을 해야만, 사랑스러운 일을 해야만 인정받는다는 생각을 하게 된대요. 내 안에서 항상 어떤 좋은 일의 성과들을 찾아 아름답게 치장하려고 애쓰게 된다는 거죠.

그런데 어떻게 매일 좋은 일들만 일어나고, 나를 빛내는 성과만 낼 수 있나요. 그건 정말 어렵고 힘들게 이루어지는 일들일 텐데요. 드라마 속 유명한 대사도 있잖아요. "대단하지 않은 하루가 지나고 또 별거 아닌 하루가 온다 해도 인생은 살

가치가 있습니다."(드라마 〈눈이 부시게〉 중)라는 말이요.

그럼 어떻게 해야 자신에 대한 비난을 멈추고 조금이라도 나를 사랑할 수 있을까요? 혹시 '자기자비(self-compassion)'에 대해 들어봤나요? 다미도 살면서 누군가에게 자비로운 시선을 보낸 적이 있을 거예요. 오랫동안 짝사랑했던 이성에게 차인 친구에게, 열심히 공부했는데 시험에서 실수로 마킹을 잘못한 친구에게, "이 바보야, 그런 것도 못하는데 누가 널 좋아하겠어?"라고 말하지 않고, 누구보다 진심으로 안타까운 마음과 시선을 담아 위로하고 안아주었겠죠.

우리는 이렇게 힘들어하는 친구나 지인들에게는 자비를 베풀고 공감하면서도 나 자신에게는 엄격하고 가혹한 말들을 던지곤 하는데요. 힘들어하는 누군가에게 보냈던 그 시선, 친절하고 너그럽고 사랑스런 그 태도로 나를 대해야 해요. 그게 바로 '자기자비'예요.

이제부터 자비로운 내가 되는 상상을 한번 해봐요. 먼저 복잡한 내 마음에 호흡을 잔잔히 불어넣어요. 그리고 편안해지면 자애로운 표정을 지어봐요. 눈을 감고 평온함을 주는 나만의 안전한 공간을 마음속에 떠올리는 거예요. 그곳이 자신의 자비로운 모습을 만날 수 있는 장소거든요.

내가 누군가에게 따뜻하고 온화했던 그때를 떠올려보세요. 잘 안 떠오르면 나에게 용기를 주고, 나에게 따스한 눈길을 보냈던 누군가도 좋아요. 힘들어 울고 있을 때 눈물을 닦아주었던 엄마일 수도, 성적이 안 좋아 낙담할 때 손을 잡아준 선생님일 수도 있겠죠. 아니면 나를 꼭 안아주던 가장 친한 짝꿍일 수도 있고요. 어떤 표정인지, 어떤 눈빛인지 찬찬히 떠올려봐요. 그 사람의 특성을 마음속에 그려보고, 그것이 나에게도 있다고 상상해요. 그리고 그 따스한 눈길로, 자비로운 손길로, 위로하는 말들로 나에게 이야기해보는 거예요.

'잘하고 싶은데 원하는 대로 이루어지지 않아 속상했지? 잘 되지 않아 상처가 되었을 텐데 스스로 바보 같다고 여기다니 너무 마음이 아파. 혼자서 참 힘들었겠다. 완벽하지 않아도 괜찮아. 세상 사람 모두 실수하며 산대.'

친구에게 하듯, 다른 사람에게 하듯 나를 위로해주는 거예요. 누구보다 따뜻하고 자비롭게요.

지금까지 연습한 것을 '자비심상' 훈련이라고 불러요. 이 훈련은 뇌의 정서조절 시스템 중 마음을 진정시키는 옥시토신과 엔도르핀 시스템을 자극한다는 게 수많은 연구를 통해 밝혀졌어요. 긍정적인 정서를 불러일으켜 심리적 안성과 평안한 미음을 갖게 한대요. 그런데 이런 훈련은 한 번으로 끝내지 말고 지속적으로 해야 해요. 나를 안정시키고 의도적으로 사랑하는 훈련! 어때요? 같이 해보지 않을래요?

또 나를 비난하고 싶을 때마다 나 자신에게 해줄 수 있는 좋은 말들을 써봐도 좋아요. 친구에게 편지 쓰듯, 포스트잇에 메모하듯 나에게 해주고 싶은 말들을 적어 책상에 붙여도 되고, 나에게 문자나 톡으로 보내도 돼요.

잊지 말아요. 나 자신에게는 엄격하고 혹독한 초자아가 퍼부어대는 비난과 판단이 아닌, 연민이 스며든 돌봄과 애정이 필요하다는 걸요. 그리고 친구에게 칭찬과 애정 어린 말을 해주는 만큼 나에게도 가장 좋은 친구가 되어 칭찬과 애정 어린 말을 해줘야 한다는 사실을요.

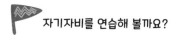 **자기자비를 연습해 볼까요?**

자기자비란 내가 힘들 때 위로가 되었던
누군가의 태도를 떠올려보고 그 태도로
나를 대하는 거예요.
나에 대한 비난 대신 너그럽고
따뜻하게 나를 돌보는 거죠.

1. 내가 가장 안전하다고 느끼는 공간은 어디인지 떠올려보세요
2. 내가 받았던 위로만큼 따스한 눈빛, 자비로운 손길, 위로하는 말들을 자신
   에게 이야기해 보세요.

어떤 위로의 말을 듣고 싶은지 적어보세요.

아직도 자신을 비난하고 싶은가요? 여전히 내가 나를 평가하고 비난하고 싶진
않나요? 부족한 나라도 괜찮다고 말해요. 그리고 내가 했던 노력들을 얘기하
며 나를 공감하고 위로해주세요.

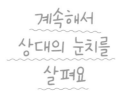

계속해서
상대의 눈치를
살펴요

10대 청소년 시기가 되면 이전에는 느끼지 못했던 여러 가지 감정들이 휘몰아쳐요. 그런 경험 다들 해봤죠? 특히, 사람들과의 관계에서 그런데요. 이 시기에는 부모님뿐 아니라 친구들, 선생님, 이성 친구 등과의 사이에서 예전에는 몰랐던 다양한 감정이 솟아오를 때가 많아요. 별일 아닌 일들로 마음이 한껏 부풀었다가 순식간에 쿵 내려앉기도 하죠.

친한 친구가 다른 친구들 앞에서 내 외모를 가지고 놀리면 옛날에는 "아, 짜증 나!" 하고 말았다면, 지금은 훨씬 더 신경 쓰이는 게 많죠. 화를 내면 분위기가 어떻게 될까 걱정되기도 하고, 친구에게 배신감과 서운함이 밀려오고, 내 외모가 정말

나는 도대체 왜 이럴까요?

그렇게 별론가 싶어 자괴감도 들고, 이러다 친구와 멀어지는 건 아닌지 두렵고……. 그러면서 어떻게 해야 하나 싶을 거예요.

내 마음대로 관계가 이루어지면 얼마나 좋을까요. 하지만 안타깝게도 몸과 마음이 자랄수록 알게 되는 건 내 마음대로 움직여주는 사람도, 내 마음을 100% 알아주는 사람도 없다는 거예요. 사람은 모두 다르거든요. 이렇게 다른 사람들이 서로 맞춰가며 살아야 하니 갈등이 생길 수밖에요.

갈등이 생기면 누구나 힘들어요. 어른인 선생님도 친구와 의견이 달라 다투거나, 엄마와 티격태격하면 계속 신경이 쓰이고 마음이 불편하거든요. 그런데 갈등이 생겨도 비교적 편안하게 대화로 해결하는 친구가 있어요. 반면, 사소한 문제에도 쩔쩔매며 불안해하는 친구도 있죠. 그런 친구는 갈등을 피하려 과도하게 주변 눈치를 살피거나 아예 긴밀한 관계를 맺지 않으려고 하는 경우도 있어요. 갈등이 생길까 두려운 거죠. 그러니 누구를 만나든 무척 긴장되고 힘들어요.

왜 이처럼 느끼는 감정이 다 다른지 생각해본 적 있나요? 심리학에서는 그 이유를 '애착'으로 설명하기도 해요. '애착'이란 엄마나 아빠, 할머니나 할아버지 등 나를 가장 가까이서 키워준 양육자에게 무의식적으로 느끼는 감성의 징도를 말하는데요. 다른 사람에게 느끼는 감정도 나와 가장 가까운 가족에게서 느끼는 감정들과 비슷하다고 해요.

애착의 유형은 크게 3가지로 나눠요.

먼저, '안정애착'이에요. 안정애착을 형성한 친구들은 자신을 좋은 사람이라고 인식하며 자신의 감정과 생각을 믿어요. 다른 사람들이 나를 소중하게 대해줄 거라고 믿기 때문에 쉽게 친해지거나 뭔가 필요할 때 스스럼없이 도움을 요청하죠. 혹시 누군가 나를 거절한다 하더라도 과도하게 걱정하지 않아요. 지금은 서로 관계가 안 좋을지라도 친하고 좋았던 기억을 떠올리며 문제가 해결될 거라고 믿죠. 그러면서 어떻게 대화하고 해결할 수 있을까 고민해요.

모두가 이런 안정애착 유형이라면 좋겠지만 안타깝게도 그렇지 않아요. 크게 두 유형으로 나뉘는 불안정애착이 있거든요.

그중 하나는 '불안애착' 유형이에요. 이 유형의 친구들은 늘 상대의 눈치를 살펴요. 어제랑 똑같은 오늘의 상황에서도 엄마나 친구의 눈빛과

그래그래 네 말이 맞아!

나는 도대체 왜 이럴까요?

표정, 말투 등을 주시하면서 '오늘은 화내지 않을까? 나에게 실망한 건 아닐까?' 되묻고 걱정하며 상대의 반응에 집착하죠. 그래서 '완전한 결합'을 원하는데요. 내 행복은 상대의 태도에 달려 있다고 생각하니 갈등이 생기면 엄청 불안해하면서 상대의 비위를 맞추려 노력해요.

다른 하나는 '회피애착' 유형이에요. 이들은 누군가에게 도움을 청하거나 이야기해봤자 소용없다고 생각해요. 이들에게 '사람'은 아무리 말해봤자 들어주지 않는 대상이거든요. 그래서 조금이라도 부정적인 감정이 들면 너무 불안하고 불편해해요. 내가 무너져 내릴 듯한 기분이 드는데, 말해봐야 들어줄 사람이 없다고 생각하니 자신을 더 꽁꽁 감싸며 혼자서만 애를 태우죠.

하지만 관계에서 일어나는 모든 어려움을 '애착'으로만 설명할 순 없어요. 우리는 모두 기질도 성향도 성격도 다르거든요. 다만, 애착을 제대로 이해하면 내가 맺고 있는 관계에 대해 좀 더 깊이 있게 이해할 수 있답니다.

만약, 다미가 불안정애착 중 하나라면 어떻게 해야 할까요?

먼저 부정적인 감정이 들 때마다 있는 그대로 인정하고 공감해 주는 게 필요해요. 불안애착이면 상대의 감정에만 치중하느라 내 감정을 놓칠 수 있고, 회피애착이면 감정 자체를 만나는 게 어려울 수도 있어요. 그럴 때는 '감정 카드'를 활용해 보세요. 온라인으로도 손쉽게 살 수 있는데, 학교 상담실에도 준비되어 있을 거예요. 그러면서 내 마음에 맞는 어떤 감정 단어를 찾았다면, 그 단어가 좀 찌질해 보이더라도 '난 이때 이렇게 느꼈구나.' 하고 내 감정을 인정해야 해요. 감정은 인정하고 수용해야 지나가거든요. 그냥 내버려두면 고여서 다미를 계속 힘들게 할 거예요.

자, 다음 파트부터 펼쳐지는 이야기는 관계 안에서 다미가 느끼는 어떤 감정이든 인정하고 공감하는 데서 출발해요. 나에 대해 아는 것을 넘어 내가 어떤 감정을 느끼는지 살펴보는 것만으로도 문제 해결의 단계로 나아갈 수 있거든요.

그럼 선생님과 함께 우리가 만나는 다양한 관계 속에서 나타나는 어려움을 알아보고 어떻게 해결할지 이야기해 볼까요?

나는 도대체 왜 이럴까요?

다음은 애착 유형의 종류예요. 아래 질문에 답해보세요.

	자기긍정적	자기부정적
타인긍정적	**안정형** 나와 다른 사람을 신뢰하고 존중하며 편안하게 관계를 맺는다.	**불안형** 관계에서 언제든 거부당할 거라고 생각하며 항상 관계에 집착한다.
타인부정적	**회피형** 관계에 대한 신뢰가 없어 친밀한 관계를 회피하며 그냥 자신을 지키고자 한다.	**공포형** 친밀해지고 싶지만 버림받을지도 모른다는 두려움이 커서 친밀한 관계를 피한다.

나는 어떤 애착유형이라고 생각하나요?

그렇게 생각하는 이유는 뭔가요?

만약, 내가 불안애착 유형이라면 관계에서 어떤 노력을 해볼 수 있을까요?

회피애착 유형이라면 관계에서어떤 노력을 해볼 수 있을까요?

Part 2

엄마 아빠가
왜 이렇게
미워질까요?

엄마 아빠한테
매일 짜증이 나요

다미의 편지

"아, 네~네. 진짜 그만 좀 해. 알아서 한다고!"

오늘도 으깨진 감자처럼 얼굴을 찡그리며 하루를 시작했어요. 아침에는 엄마, 저녁에는 퇴근한 아빠를 향해 나도 모르게 버럭 짜증을 냈죠. 물론, 저도 할 말은 많아요. 아침부터 엄마가 괜시리 서두르며 "일어나, 밥 먹어, 화장실 문 좀 닫고 다녀." 하며 끊임없이 잔소리를 했으니까요. 아빠도 마찬가지예요. 퇴근하고 집에 오면 "오늘 뭐했어? 공부는 했어? 핸드폰 좀 그만 봐." 하는 바람에 정신이 없어요. 일하고 와서 피곤하지도 않은지 저에게 너무 심하게 잔소리를 하세요.

엄마 아빠가 왜 이렇게 미워질까요?

그런데 문제는 이런 날만 짜증 나는 게 아니라는 거예요. 엄마 아빠가 아무 말 안 해도 종종 짜증이 나요. 그런 나에게 엄마 아빠는 '짜증 폭탄기'라며 지쳤다는 표정을 짓죠.

그런 모습에 화가 나지만 제가 잘못했으니 딱히 할 말이 없어요. 그래도 지기 싫어서, 인정하기 싫어서 "알았으니까 그만 좀 해!"라고 짜증을 부리고는 방문이 부서져라 쾅 닫고 들어가 숨어버리죠.

저만 이러나 싶어 친구들에게 물어보았어요. 그랬더니 친구들도 "아, 진짜 짜증 나!"라고 하더라고요. 엄마 아빠 말처럼 우리가 사춘기라서 그런 걸까요? 아니면 저에게 심각한 문제가 있는 건가요? 이대로 짜증 만발, 짜증 폭발에서 헤어나오지 못할까 봐 걱정돼요. 도대체 저는 왜 이럴까요.

다미에게

엄마 아빠에게 쉽게 짜증을 내는 자신이 많이 혼란스럽군요. 그러고 싶지 않은데 도무지 원인을 알 수 없는 짜증이 뻗친 머리카락처럼 삐죽삐죽 솟아나고, 입 밖으로 툭 내뱉어지니 스스로도 이해할 수 없어 정말 답답할 거예요. 아침에 일어나면 이불 개듯 깔끔하게 머릿속이 잘 정돈되었으면 좋겠는데, 눈곱 떼어내듯 내 안의 짜증도 언제든 떼어낼 수 있으면 좋겠는데 참 쉽지가 않죠? 선생님도 그런 시절이 있었어요.

국어사전을 보면 짜증은 '마음에 꼭 맞지 않아 발칵 역정을 내는 짓 또는 그런 성미'라고 해요. 뭔가가 내 맘대로 되지 않을 때 솟는 불쾌한 감정을 말하죠. 그런데 딱히 불쾌한 일이 없는데도 10대 중반에는 짜증이란 감정이 매일 손님처럼 찾아와요. 도대체 왜 그럴까요?

사춘기가 되면 남학생은 코와 턱 주변에 까뭇까뭇 털이 나고, 변성기로 목소리가 허스키해져요. 여학생들은 가슴이 봉긋 나오고, 아기를 낳을 수 있는 몸이 되어 한 달에 한 번 월경을 하죠. 이렇게 갑작스럽게 내 몸에 큰 변화가 생기니 '아, 내가 어른이 되어 가는구나.'라는 생각도 하게 돼요.

- 인간 뇌
- 포유류 뇌
- 파충류 뇌

그런데 사춘기의 변화가 신체적인 성숙에만 한정되는 건 아니에요. 혹시, 내 머릿속 '뇌'의 변화를 생각해본 적 있나요? 그 속에서도 큰 변화가 일어나고 있답니다. '짜증'이라는 감정을 이해하려면 뇌의 발달을 알아야 해요. 지금 다미와 친구들의

뇌에서는 빠른 성장을 위해 발전기를 돌리
고, 뚝딱뚝딱 열심히 공사 중이거든요.

먼저 살고
봐야지~

　우리 뇌는 크게 세 개의 층으로 이
루어져 있어요.

　1층은 뇌의 가장 아랫부분에 있는
후뇌인데요. 호흡, 심장박동 등 생명을
유지하는 데 필요한 기본적인 기능을 담당
해요. 도마뱀이나 거북이도 후뇌가 있어 '파충류의 뇌'라고도
불린답니다.

　2층은 후뇌 바로 위에 있는 중간뇌인데요. 우리의 감정, 욕
구, 기억을 주관해요. 특히, 여기에 속
하는 변연계는 감정을 다룰 때 가
장 활발하게 기능해서 '감정의
뇌'라고도 불려요. 고래나 강아지
등 포유류도 감정을 느끼기 때문에 '포
유류 뇌'라고도 부른답니다. 바로 이곳에
비밀이 있어요. 10대 중반에 거의 완성이
되는 변연계의 발달로 다양한 감정을 느끼
고, 감정 자극에 민감해지는 거거든요.

아, 화가 난다
화가 나!!!

　3층은 전뇌인데요. 고도의 이성적인 판단 기능, 창조 기능

등을 담당해서 '이성의 뇌'라고도 불려요. 인간만이 갖고 있어 '인간의 뇌'라고도 하죠. 그리고 전뇌 중에서도 상황 판단, 계획과 실행, 감정을 조절하는 일을 담당하는 게 전두엽인데, 사춘기 시기에는 전두엽이 아직 미완성 상태랍니다. 그러다 보니 감정의 뇌가 활발해져 다양한 감정이 폭발하는 데도 조절이 어려운 거예요. 쉽게 말해 아직 발달이 덜 된 전두엽이 폭발하는 감정과 충동을 억제하지 못하는 거죠. 엄마 아빠의 말에 "아, 진짜!" 하고 짜증을 벌컥 내고는 후회한 적 있죠? 후회할 말을 내뱉기 전에 '다미야, 그렇게 하면 안 돼!'라면서 자제시키는 전두엽이 미성숙한 상태라서 나도 모르게 불쑥 충동적으로 짜증을 내는 거랍니다.

"선생님, 그럼 제 짜증은 제 의지와 상관없이 뇌에서 일어나는 일이니 엄마 아빠에게 미안해하지 않아도 되겠네요?"라고 되묻고 싶죠? 어쩌면 '뇌가 성장하는 단계라서 그래.' 하고 이해하고 넘어갈 수도 있겠지만, 그대로 두면 관계가 나빠질 수도 있어요. 가족은 가깝고 무의식적으로 어떤 상황에서도 쉽게 깨지지 않는다고 생각하기 때문에 더 쉽게 짜증을 내거든요.

짜증 내는 친구를 보면 다미는 어때요? '어휴, 또 나한테 짜증이야! 누구는 짜증 낼지 몰라서 가만히 있는지 아나?' 생각하며 멀리하고 싶죠? 엄마 아빠도 마찬가지예요. 다미의 짜증이 심해지면 그런 감정을 갖게 될지도 몰라요. 서로 사이가 점점 나빠지는 거죠. 따라서 엄마 아빠에게 짜증을 내더라도 잘 회복할 줄 알아야 해요. 선생님이 그 방법을 알려줄게요.

먼저, 나의 수면상태를 살피는 거예요. 다미는 요즘 잠을 잘 자고 있나요? 핸드폰으로 이런저런 영상을 보느라, 친구들과 수다를 떠느라, 게임을 하느라 잠이 부족하진 않나요?

앞에서 말한 것처럼 지금은 뇌 발달에 있어 아주 중요한 때예요. 시카고 대학교 교수이자 수면학자로 유명한 이브 반 코터(Eve Van Cauter)는 뇌가 잘 발달하는 데는 충분한 수면이 필요하다고 했어요. 10대 사춘기 시기에 수면이 부족하면 가뜩이나 예민한 전두엽의 성장이 더뎌져 감정을 제어하는 능력이 손상될 수도 있다는 거예요. 그러니 내가 너무 예민하거나 짜증이 많다면 우선 수면의 양과 질이 충분한지 살펴봐야 해요. 만약, 문제가 있다고 판단되면 해결을 위해 노력해야 하는데요. 잘 때 핸드폰을 멀리 두고 외부에서 들어오는 빛을 커튼으로 차단하면 수면의 질이 향상된다고 해요. 핸드폰 없이 자려면 어색하고 허전하겠지만, 그래도 노력해야 해요. 그러면 깊고 편안한 잠에 빠져들어 다음날 몸과 정신이 한결 개운하답니다.

다음으로는 엄마 아빠와의 관계 회복을 위해 노력하면 좋겠어요. 다미가 별일 아닌 일에 쉽게 짜증을 내면 부모님은 '도대체 쟤가 왜 저러지?' 생각하게 돼요. 다미도 자기가 왜 그러는지 알 수 없어 그 자리를 피하고 싶죠? 그래요. 아직 짜증이 덜 풀린 상태라면 그 자리를 피해도 좋아요. 방으로 들어가 음악을 듣거나, 잠시 누워 있다가 짜증이란 녀석이 잠잠해지면 엄마 아빠에게 다가가 말하는 거예요.

"엄마 아빠! 아까는 나도 모르게 짜증이 났어. 책에서 봤는데 10대의 뇌는 열심히 공사 중이라서 갑자기 그럴 수 있대. 미안해!"

그러면 엄마 아빠는 이렇게 말하실 거예요.

"다미가 먼저 다가와 주고, 마음을 표현해 주어서 고마워!"

우리에게 관계를 회복할 시간이 있다는 건 정말 멋진 일이에요. 그 멋진 시간을 함께 누려봐요.

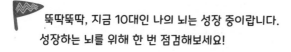

뚝딱뚝딱, 지금 10대인 나의 뇌는 성장 중이랍니다.
성장하는 뇌를 위해 한 번 점검해보세요!

나의 수면 패턴은 어떤가요? 규칙적인 시간에 푹 자고 깨기 위해서 어떤 노력
이 필요할까요?

나는 핸드폰을 얼마나 사용하나요? 아래 원에 하루 일과표를 작성해보세요.

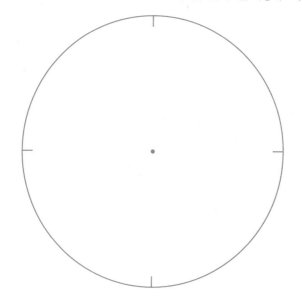

엄마 아빠에게 짜증을 안 내고 내 마음을 어떻게 표현할 수 있을까요?

친구랑 비교하는 엄마가 미워요

다미의 편지

선생님, 저에게는 오래된 친구가 있어요. 유치원도 초등학교 도 같이 다녔어요. 지금도 반은 다르지만 같은 중학교에 다니 고 있고, 가족끼리도 친해서 함께 여행도 다녀요. 제 친구는요, 성격도 밝고 공부도 잘해요. 친구들한테 인기도 많죠. 저도 이 친구가 정말 좋아요. 편하고 재밌고 어떤 고민도 스스럼없이 이야기할 수 있을 만큼요.

그런데 고민이 생겼어요. 중학생이 되고 나서는 엄마가 그 냥 들어도 딱 엄친아 같은 제 친구와 저를 비교하기 시작한 거 예요. 지난주에는 저녁밥을 먹는데 갑자기 엄마가 친구의 시험성적을 말하면서 "둘이 같은 학원에 다니는데 너는 왜 이렇게밖에 못하는 거야?" 하고 혼을 내더라고요.

순간 너무 화가 나서 숟가락을 던지듯 내려놓고 방으로 들어가 울었어요. 그런 상황이 몇 번 반복되니까 작은 일에도 엄마에게 자꾸 짜증 내게 되고, 계속 비교를 당하는 건 아닐까 걱정이 돼요. 친구랑 있을 때도 자꾸 의식하게 되어서 힘들고요.

엄마는 아무 생각 없이 한 말인데 내가 너무 예민하게 반응하나 싶고, 엄마한테 그러지 말라고 얘기하려니 유치해 보일 것 같아 못 하겠어요. 오랜 시간 혼자 참고 있다 보니 너무 답답하고, 이젠 엄마가 친구 이름을 꺼내기만 해도 신경질 나 소리를 질러요. 전 어떻게 해야 하나요?

다미에게

이런! 엄마가 친구와 자꾸 비교해서 너무 속상하겠어요. 선생님이라면 엄마의 말을 들었을 때 짜증에 더해 화도 나고 많이 서운했을 것 같아요. '엄마라면 나를 더 칭찬해주고, 자신감을 가질 수 있게 격려해줘야 하지 않나?' 하는 의문도 가졌을 테고요. 친구와 잘 지내다가도 엄마 말이 갑자기 생각나면 괜히 자신이 초라해 보이거나 질투가 올라오진 않나요? 스스로를 이만하면 괜찮다 여겼다가도 자신감을 잃게 되면 우울할 수도 있을 것 같아요.

어떤 기분이든 다미가 느끼는 모든 감정은 분명 그럴 만한 이유가 있는 거예요. 이제부터는 만약 그런 일이 벌어진다면 먼저 내 감정에 집중하면서 친구랑 비교하는 엄마의 말을 들은 후 마음이 어땠는지 찬찬히 살펴보세요. 그래서 불편하다면 피하지 말고 '그럴 수 있어. 내가 그런 감정을 가지는 건 충분히 그럴 만해.'라고 스스로를 토닥여 주는 거죠.

혹시 내가 예민해서 그런 건 아닐까 걱정된다고 했는데, 선생님은 그렇다고 생각하지 않아요. 다시 한 번 말하지만 모든 감정에는 분명 이유가 있다는 사실을 기억해야 해요. 다미가 느끼는 감정은 느낄 만해서 느끼는 거랍니다. 그러니 그 감정을 나쁘다 좋다 판단하거나 평가하지 말고 그대로 수용하고 위로해 주세요. 그러기만 해도 마음이 조금씩 편안해질 거예요. 그리고 성난 파도처럼 거세게 다가오던 감정이 조금 가라앉으면 어떻게 하면 좋을지 생각해봐요. 아무렇지도 않은 척 피하고 묻어두는 것도, 엄마에게 화를 내거나 짜증으로 표현하는 것도 다미의 마음을 잘 전달하는 방법은 아니니까요.

선생님은 내 마음을 잘 전달하는 방법을 알아요. '나 전달법'이라고 혹시 들어봤나요? '너'가 아닌 '나'를 주어로 내 생각과 감정, 바람을 솔직하게 전달하는 방식이에요. 이 방법은 상대를 비난하거나 공격하지 않아요. 상대의 말이나 행동의 결과로 생겨난 나의 감정과 생각을 '나'를 중심으로 이야기하기 때문에 상대의 기분을 덜 상하게 하죠. 또 내 감정을 사실에 근거해 솔직하게 이야기하므로 진솔한 내 마음을 상대가 오해 없이 들을 수 있게 해준답니다.

그럼 어떻게 하는지 세 단계로 나눠서 알려줄게요.

첫 번째 단계는 '상대의 말과 행동을 비난하지 않고 이야기하는' 거예요. 이때 핵심은 '비난하지 않고'에 있어요. "엄마는 왜 비교하고 난리야? 엄마가 내 엄마라서 너무 싫어. 옆집 아줌마도 그렇게 안 하겠다. 짜증 나!"라고 퍼부으면 순간적으로는 화가 풀리고 속이 시원할지 몰라도 시간이 지나면 죄책감이 들고 불편해져요. 또 그런 말을 들은 엄마는 어떨까요? 넓은 마음으로 다미를 이해하고 "우리 다미가 그래서 속상했구나." 하고 사과하고 어루만져 준다면 너무 좋겠죠. 하지만 엄마도 억울하다고 생각하고 같이 화를 내게 될 때가 많아요.

따라서 이럴 땐 엄마가 했던 말과 행동을 '판단 없이' 이야기해야 해요. 예를 들면, "엄마가 내 친구 점수를 이야기하면서, 너는 같은 학원에 다녔는데 왜 이것밖에 못 받았냐고 말해서"라고 말하는 거죠. 엄마가 했던 행동이나 말을 사진처럼 찍어내듯 그대로 표현하는 거예요.

엄마가 내 친구 콩이보다 내 머리가 크다고 해서…

두 번째 단계는 '상대의 말과 행동이 나한테 미치는 영향을 구체적으로 이야기하는' 거예요. 엄마의 말을 듣고 내가 어떤 생각을 했는지, 어떤 감정을 느꼈는지를 표현하는 거죠. 예를 들면, "화가 났어.", "서운했어.", "마음이 아팠어."라고 자신의 감정을 말하면서 "엄마가 나를 덜 사랑하는 건 아닌가 하는 생각에 서운했어."라고 솔직하게 마음을 표현하는 거예요.

화가 났다가 엄마도 힘들었겠다 생각했어.

세 번째 단계는 '상대가 어떻게 해주었으면 좋겠는지 바람을 이야기하기'인데요. 이때는 명확하게 현실적으로 엄마가 실행할 수 있는 부탁을 해야 해요. "앞으로는 친구와 비교하는 말을 하지 말아줘." 또는 "앞으로는 친구와 상관없이 내 행동만 갖고 이야기했으면 좋겠어."라고 말하는 거죠.

단, 이 모든 단계에서 꼭 기억해야 할 점이 있

엄마 아빠가 왜 이렇게 미워질까요?

어요. 상대인 '엄마'의 행동에 초점을 맞춰
비난하거나 화를 내기보다는 '나'를 중심
으로 '내'가 어땠는지, 어떤 걸 원하는
지 주체적으로 표현하는 거예요. 그
래서 '나 전달법(I-message)'이라고
부른답니다. 자, 그럼 다시 정리해
말해 볼까요?

앞으로 우리
머리 크기 갖고는
친구들과 비교하지 말자!

"엄마가 내 친구 점수를 말하면서
'둘이 같은 학원에 다니는데 너는 왜 이
점수밖에 안 되냐.'고 말해서 너무 서운하고 마음 아팠어. 앞으
로는 나랑 친구를 비교하지 않았으면 좋겠어."

어떤가요? 쉬운 것 같으면서도 어려워 보이죠? 맞아요. 마
음을 진솔하게 표현하는 건 쉽지 않아요. 많은 연습이 필요하
죠. 이미 어른인 선생님도 여전히 이 연습을 한답니다. 처음에
는 많이 어색해도 계단 오르듯 1, 2, 3단계를 연습하다 보면 어
느새 자연스럽게 솔직한 마음을 표현할 수 있게 될 거예요. 상
대를 비난하지 않는 진솔한 내 마음 표현은 편안하고 좋은 관
계를 위해 정말 중요해요.

엄마에게 화를 내기보다 자신의 마음을 솔직히 표현한다면
엄마도 디미 감정을 먼저 배려하고 이해하게 될 거예요. 말로

하기 어렵다면 문자로 해도 괜찮아요. 그러면 점차 가족은 물론 친구, 선생님에게도 속으로 삭이거나 화를 내지 않으면서 솔직한 마음을 표현하는 다미로 성장하게 될 거예요.

응원해요, 다미!

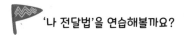 **'나 전달법'을 연습해볼까요?**

먼저 엄마 아빠 또는 친구 등에게 하고 싶은 말을 적어보세요.

\--

\--

위에 적은 말을 '나 전달법'으로 연습해보세요.

첫 번째 단계 : 상대방의 말과 행동을 비난하지 않고 이야기하기.(평가하지 말고 카메라로 사진을 찍듯 그대로 말하기)

\--

\--

두 번째 단계 : 상대의 말과 행동이 나한테 미치는 영향을 구체적으로 이야기하기.(이때 주어는 항상 '나'라는 걸 기억하세요!)

그래서

나는 _____ 를 느꼈어.

나는 _____ 라고 생각했어.

세 번째 단계 :

상내가 어떻게 해주었으면 좋겠는지 바람을 이야기하기.(상대가 실행할 수 있는 현실적인 것들을 명확하게 부탁하기)

_____ 하면 좋겠어.

_____ 해줄 수 있어?

엄마가
내 꿈을
무시해요

다미의 편지

선생님, 고민이 있어요. 제 꿈은 노래하는 사람이 되는 거예요. 네, 가수 맞아요. 저는 교회에서는 성가대로, 학교에서는 노래 동아리의 보컬로 활동하고 있어요. 물론, 제가 아직은 가수들만큼 노래를 잘하는 건 아니지만, 또래 중에서는 꽤 잘하는 편이라고 생각해요. 연습도 많이 하고 있고요.

그런데 엄마가 가수는 절대 안 된대요. 공부 잘해서 의사 되는 게 최고래요. 노래 조금 잘하는 정도로 어떻게 가수가 되냐며 소리를 질러요. 오디션을 보려 해도 어려서 보호자 동의가 필요한데 절대 허락하지 않아요.

엄마가 이해 안 되는 건 아니지만, 저를 믿어주지 않는 엄마가 밉고, 내 꿈을 무시한다는 생각에 화가 나요. 엄마잖아요. 노래 그만 부르고 공부나 하라며 엄마는 아무리 부탁해도 귀를 닫고 똑같은 말만 반복하세요. 전 어떻게 해야 할까요?

다미에게

다미 친구, 고민을 나눠줘서 고마워요. 요즘 꿈이 분명한 친구를 찾기가 쉽지 않은데, 명확한 목표와 꿈을 가진 다미를 보고 멋지다는 생각을 했어요. 내가 무엇을 좋아하는지 명확하게 알고, 어떻게 하면 원하는 일을 할 수 있을지 고민하며 하나씩 실천해 나가려는 다미의 모습이 정말 예뻐요. 그리고 다미의 이야기에서 진지함이 느껴지고요. 선생님은 다미의 꿈을 응원해요. 꿈은 가슴을 뛰게 만들어요. 꿈을 목표로 한걸음씩 행동해 나갈 때마다 마음이 뜨거워지죠.

그런데 엄마가 그 마음을 몰라주니 얼마나 힘들까요. 하나뿐인 엄마인데, 세상에서 가장 가까운 엄마인데, 다른 사람은 몰라도 엄마만은 마음을 알아주고 응원해 주어야 하는데, 아니 응원은 못 하더라도 최소한 믿지는 않았으면 좋겠는데 그렇지 않으니 엄마가 밉죠. 오디션조차 못 가게 하는 엄마가 원망스럽고요. "오디션은 안 된다"는 엄마의 한마디에 어쩌면 세상이 무너져 내리는 듯한 절망감을 느꼈을지도 몰라요. 노래 동아리 보컬이 되었을 때 누구보다 엄마에게 칭찬받고 싶었을 텐데 말이에요. 다미의 꿈을 알아주지 않는 엄마를 볼 때마다 엄청 서러울 거예요.

그럼 도대체 어떻게 해야 할까요? 엄마의 마음을 단번에 확 바꾸기는 어렵겠지만, 그래도 우리 함께 고민해봐요. 막연하지 않은, 지극히 현실적인 방법으로요.

문제를 해결하려면 문제의 본질이 뭔지 알아야 해요. 본질에는 문제가 일어난 핵심 원인이 들어 있거든요. 다미 생각에 엄마와 계속 갈등을 겪는 원인이 무엇인 것 같나요? 선생님은 엄마와 다미가 원하는 게 너무 다르기 때문이라고 생각해요. 물론, 엄마가 아닌 다미의 인생이에요. 하지만 아직 미성년인 다미는 엄마의 보호를 받을 수밖에 없어요. 엄마의 말을 무시할 수 없죠.

엄마는 아마 안정적인 삶이 행복한 삶이라고 생각하는 것 같아요. 그래서 다미를 사랑하고 위하는 마음에, 다미가 좀 더 편안한 삶을 살았으면 해서 가수를 반대하고 '의사'와 '공부'

를 외치는 걸 거예요. 반면, 다미는 다르죠. 행복하려면 꿈을 향해 달려나가야 한다고 생각하죠. 꿈을 이루기 위해 더 노력하고 도전하고 싶죠. 다미에게 행복이란 엄마가 이야기하는 공부나 안정적인 삶만으로는 채워지지 않는 거예요.

그렇지만 앞으로도 계속 엄마와 지금처럼 팽팽하게 평행선을 그리면서 대립할 수는 없어요. 해결하려 노력해야죠. 혹시 '타협'이라는 말을 들어봤나요? 타협은 '타당할 타(妥)'와 '화합할 협(協)'이 합쳐진 글자로, 어떤 일을 할 때 서로 양보해서 협의하는 것을 의미해요. 풀어서 이야기하면 이런 거죠.

"자, 우리 자꾸 자신의 주장만 내세우지 말고 서로 납득할 수 있는 선에서 한번 의견을 모아봅시다!"

다미와 엄마도 마찬가지예요. 자기 의견만 주장하고 있는 건 아닌지, 원하는 게 너무 달라 자기주장만 하며 상대의 마음을 모른 척하는 건 아닌지 살펴야 해요.

다미 생각에는 엄마가 원하는 대로 나를 끌고 가려 한다거나, 내 의견은 다 무시해 버릴 것 같아서 엄마와의 타협을 시도조차 안 했을지도 몰라요. 그런데 타협은 시도하면 달라지게 돼 있어요. 타협은 내가 원하는 부분을 적당히 양보하면서 상대의 요구를 일정 부분 들어주는 것이거든요. 동시에 상대에게도 적절한 선에서 내가 원하는 바를 얻어내는 거죠

구체적으로 어떻게 하냐고요?
예를 들어 볼게요.

첫 번째로는 다미가 원하는 걸 생각해보고 명확하게 써보는 거예요. 단, 너무 지나치게 자기중심적으로 '엄마가 확 바뀌어 내 꿈을 응원하기'를 바라서는 안 돼요. 그러면 엄마가 받아들이기 어렵거든요. 지금과 너무 차이 나지 않는 현실적인 선에서 지금보다 조금 더 꿈에 다가갈 수 있는 정도여야 하죠. 예를 들어, '내가 참가하고 싶은 오디션은 엄마가 모두 허락했으면 좋겠어.'라는 요구는 현실상 이루어지기 어려워요. 하지만 '한 학기에 한두 번 정도는 내가 정말 가고 싶은 오디션에 참석한다.'라면 가능할 수 있죠.

두 번째로는 엄마가 다미에게 무엇을 원하는지 명확하게 물어보는

거예요. 엄마는 다미가 성실하고 공부를 잘하는 걸 중요하게 생각하는 것 같아요. 물론, 그건 다미의 편지를 보고 선생님이 추측한 거지만요. 그러니 다미가 엄마에게 직접 물어보면 좋겠어요. 문자로도 좋고, 직접 물어봐도 좋아요. 중요한 건 엄마에게도 생각할 시간을 주는 거예요. 그리고 다미처럼 글로 써 보자며 제안해 보세요.

세 번째로는 다미가 원하는 것과 엄마가 원하는 걸 함께 펼쳐놓고 진솔한 대화를 나누는 건데요. 서로 적어보라고 얘기한 이유가 여기에 있어요. 단순히 말로만 나누기보다 서로의 요구를 글로 써서 읽으며 이야기하면 훨씬 더 명확해지거든요. 그리고 규칙을 정해봐요. '서로의 입장에 동의하지 않더라

67

도 일단 공감해 준다. 또 그렇구나 하고 긍정적으로 말해 준다.' 또는 인형이나 공 등 소품을 정해서 차례로 그것을 쥐고 이야기하는 거예요. '상대방의 이야기가 끝나기 전엔 절대로 말을 끊지 않는다.'는 규칙을 정하고요.

만약, "다미가 하루에 1시간 공부하기를 원해."라고 엄마가 말했다면 그 의견에 반대하기보다 "엄마 생각은 알겠어요."라고 말하는 거죠. 그러고 나서 30분부터 시작하겠다고 해보는 거예요. 차차 늘리겠다면서요. 그리고 30분 공부를 한 달간 잘 지키면 엄마도 한 학기에 한두 번 정도 오디션은 허락해 주어야 한다면서 타협점을 찾는 거죠.

어때요? 해볼 수 있겠죠? 물론, 처음부터 자연스럽지는 않을 거예요. 타협은 쉽지 않거든요. 그래도 믿고 해보는 거예요. 엄마니까요. 실수하고 잘못하고 어색해도 엄마니까, 엄마를 상대로 연습하면서 맞춰 가보는 거예요. 그러면 타협점을 찾아가며 진심으로 서로를 이해하고 격려할 날이 꼭 올 거예요.

다미 친구, 파이팅!

엄마 아빠가 왜 이렇게 미워질까요?

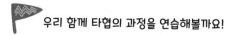

우리 함께 타협의 과정을 연습해볼까요!

내가 _____ 에게 바라는 것, 원하는 것을 명확하게 써보세요. 단, 현실적이어야 해요!

_____ 가 나에게 무엇을 원하는지 명확하게 물어보세요.

충분히 대화를 나눠봐요. 중요한 건 비난하지 않고 일단 공감하는 거예요. 그리고 규칙을 정해 서로의 발언 시간을 지켜 주어야 해요. 작은 소품을 활용하는 것도 좋겠죠.

서로의 바람을 비교해 보고 그 중간 단계를 찾아 써보세요.

엄마 아빠가
동생만
예뻐해요

다미의 일기

동생을 보는 엄마 아빠의 눈에서는 꿀이 뚝뚝 떨어진다. 드라마에서 사랑하는 사람들이 마주보듯 바라본다. "엄마, 그렇게 좋아?"라며 눈을 흘겼다가 공부나 하라는 핀잔을 들었다.

아, 정말 화난다. 난 왜 첫째로 태어났을까? 첫째라서 좋은 거라곤 하나도 없다. 동생이 잘못해도 나만 혼나고, 맨날 누나가 모범을 보여야 한단다. 첫째라서 공부도 잘해야 하고, 엄마아빠 없을 땐 동생도 챙겨야 하고…… 억울해 죽겠다. 진짜 저얄미운 동생을 한 대 쥐어박고 싶다. 그러면 엄마가 성난 갈매

기처럼 눈썹을 치켜뜨겠지. 갑자기 내가 쪼잔해진다.

　일기를 쓰다 보니 책상 위에 엄마 아빠와 나만 있는 사진이 있다. 동생이 없던 시절, 엄마 아빠가 나만 사랑했던 그때가 그립다. 불청객 같은 동생이 정말 얄밉다. 엄마 아빠는 왜 나보다 동생을 더 예뻐하는 걸까?

다미에게

　다미도 엄마 아빠의 사랑을 받고 싶은데 동생이 방해된다고 느끼는군요. 선생님 마음이 너무 아파요. 첫째라서 억울한 게 참 많죠? 아직 어리다는 이유로 엄마 아빠에게 더 사랑받는 동생이 밉기도 하고요. 또 엄마 아빠가 동생에게는 관대하고 다미에게는 빡빡하게 대한다는 생각에 서럽고요. 다미의 절절함이 선생님 가슴에 와닿네요.

　다미처럼 첫째로 태어난 사람들의 마음을 연구한 유명한 심리학자가 있어요. 알프레드 아들러(A. Adler)라는 사람인데 그의 이야기를 들려줄게요.

　아들러는 어린 시절부터 구루병, 폐렴 등을 앓아 자주 아팠어요. 몸이 약해 자신감도 부족했죠. 그래서 엄마 아빠의 보살

핌이 더 많이 필요했는데 동생이 태어났답니다. 아들러도 다미처럼 엄마 아빠의 사랑을 동생에게 빼앗겼다고 생각했어요.

인간이 태어나서 맺는 최초의 가족관계는 나중에 사회생활, 즉 학교 등에서 만나는 친구나 동료, 선후배와의 관계에 큰 영향을 미쳐요. 엄마나 아빠 그리고 동생의 성격, 가족 간 유대감, 출생순서, 형제자매의 나이 차이 같은 것들도 각자의 삶에 변화를 줄 수 있는 거죠. 아들러는 그중에서도 출생순서가 우리가 살아가는 방식, 다른 사람과 관계를 맺는 방식에 큰 영향을 미친다고 생각했어요.

가끔 엄마가 다미에게 이렇게 말할 때가 있지 않나요?

"너희는 한 뱃속에서 태어났는데 왜 이렇게 다르니?"

맞아요. 동생과 같은 엄마의 뱃속에서 태어났어도, 같은 가정환경에서 자랐어도 각자 성격이나 생활방식이 달라요. 거기에는 여러 이유가 있는데요. 그중 하나가 바로 출생순위죠. 동생이 태어나기 전 다미는 부모님의 사랑과 관심을 혼자 독차지했어요. 그러다 동생이 태어난 순간부터 누려 왔던 사랑과 관심을 동생에게 빼앗겼죠. 그래서 아들러는 첫째에게 '폐위당한 왕'이라는 별명을 붙였답니다.

'폐위당한 왕'이라니…… 참 슬프네요. 내가 원하던 상황이 아닌데, 난 여전히 누리고 싶은데 동생으로 인해 왕의 자리에서 내려올 수밖에 없는 거잖아요. 그러니 동생이 도무지 예뻐 보이지 않죠. 엄마와 아빠 사이에서 해맑게 웃는 동생을 보면 짜증 나고 서럽고 억울하죠.

사람의 기억은 보통 다섯 살 때부터 시작된다고 하는데요. 선생님의 친구는 얼마나 충격적이었는지 네 살 때 노란 이불에 폭 쌓여 엄마 품에 안긴 채 집으로 들어오던 동생의 기억이 아직도 생생하대요. 엄마 아빠에게 혼날까 봐 동생을 예뻐하는 척했지만, 사실은 동생이 밉다고 침대 귀퉁이에 작은 글씨로 써놓고는 동생을 몰래 꼬집기도 했답니다.

그럼 사랑을 빼앗긴 다미는 어떻게 하고 싶은가요? 동생을 계속 미워하고 원망하면서 살고 싶은가요? 미워하면 할수록 마음속에 죄책감이 쌓일 텐데 그대로 괜찮을까요?

사람은 누구나 자신의 경험에 의미를 부여해요. 따라서 경험에 어떤 의미를 부여했는지에 따라 삶에 대한 태도와 방식이 달라져요. 예를 들어, 첫째로 태어난 억울함에만 의미를 둔다면 그들에게 세상은 억울함으로 가득 찬 곳이겠죠.

그런데 과연 첫째로 태어난 게 억울한 일이기만 한 걸까요? 아니에요. 출생순서로 인해 억울한 일도 있겠지만 다행인 일도 있답니다. 첫째로 태어난 내 삶에 새로운 의미나 감정을 부여하는 게 중요해요. 그렇다면 과연 첫째에게는 어떤 의미가 있을까요? 어떤 의미를 부여할 수 있을까요?

아들러에 의하면 첫째는 리더의 특성을 지녔다고 해요. 아무래도 동생이 태어나면 자연스럽게 엄마 아빠는 어린 동생에게 더 신경을 쓰게 돼요. 그러다 보니 다미 같은 첫째는 자연스럽게 어떤 일을 스스로 해나가는 힘과 책임감이 길러져요. 지혜로운 리더로 성장할 가능성이 큰 거죠. 또 동생이 모르는 걸 물으면 답해주면서 가르치는 능력도 기를 수 있답니다. 실제로 미국의 역대 대통령이나 최고 경영자 중에는 첫째가 많았대요. 어때요? 멋지지 않나요?

첫째라는 출생순서는 동생보다 더 사랑받지 못한다는 생각에 열등감이 생길 수도 있지만, 이를 극복해내는 과정에서 삶에 대한 책임감과 누군가를 가르치는 능력 그리고 리더십을 키워갈 수도 있어요.

다음으로, 달리 생각해보는 능력을 길렀으면 좋겠어요. 노란색 선글라스를 끼고 하늘을 바라보면 하늘이 노랗게 보이죠. 파란색인데도요. 사람은 생각하는 존재라서 있는 그대로 현실을 보기보다 자기가 낀 안경에 따라, 자기 생각에 따라 세상을 다르게 바라봐요. 각자의 생각과 느낌은 지극히 주관적일 수 있는 거죠. 예를 들어, 다미는 엄마 아빠가 동생만 사랑한다고

생각할지 모르지만, 동생은 또
다르게 생각할 수 있어요. 태
어나보니 이미 경쟁자인 누나
가 있는 거니까요. 자기랑 엄
마 아빠 셋이서만 찍은 사진
은 없고 모든 사진에 누나가 끼어

있으니 불만인 데다, 엄마 아빠가 모든 일에 누나를 먼저 찾는
다는 생각에 짜증 날 수도 있죠. 게다가 다미는 동생이 태어나
기 전까지 엄마 아빠를 독차지하면서 사랑을 받았잖아요. 그
런 시간이 있었다는 사실을 잊으면 안 돼요.

혹시 엄마 아빠가 동생 몰
래 다미에게만 옷을 사준
다거나 용돈을 더 줄 때
는 없나요? 어떤 판단이나
선입견 없이 엄마 아빠의 모습을
잘 관찰해보면 동생이 아닌 다미를 먼
저 생각하는 순간도 분명 있을 거예요.
엄마 아빠는 다미에게 동생과는
또 다른 사랑을 주고 있을지도 몰

라요. 동생과 비교하지 않고 나에게 보내는 부모님의 사랑을 가만히 느껴보고, 그 시간을 마음속에 차곡차곡 간직하다 보면 나중에 큰 자산이 될 거예요. 엄마 아빠가 첫째인 다미를 서운하게 할 때도 있겠지만, 그렇지 않을 때도 있다는 사실을 기억했으면 좋겠어요. 그러면 마음이 편안해질 거예요!

마지막으로 한 가지 선생님이 부탁하고 싶은 게 있는데요. 첫째로서 책임감이 생기면 그만큼 걱정과 불안이 많아질 수도 있어요. 부모님의 사랑을 얻기 위해 노력하는 중에 본래의 내가 아닌, 부모님께 인정받을 만한 모습만 보여주려 나를 꾸미거나 너무 몰아붙일 수도 있고요. 꼭 어른스럽거나 의젓하지 않아도 괜찮아요. 아이 같은 모습을 노출하거나 실수하는 건 당연한 일이니까요. 스스로에게 잘해야 한다는 압박보다는 이만하면 괜찮다고 격려하고 위로해 주세요.

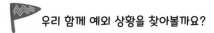 **우리 함께 예외 상황을 찾아볼까요?**

부모님께 서운하고 속상한 일이 있다면 무엇일까요?

반대의 상황도 있죠? 예를 들면, 부모님이 나를 더 지지하고 격려해주었을 때 같은 경우 말예요.

부모님의 행동을 객관적으로 바라보니 어떤 마음이 드나요?

자주 싸우는 부모님이
이혼할까 봐
걱정돼요

다미의 편지

선생님! 엄마 아빠가 너무 자주 싸워요. 오랜만에 가족이 모여 저녁밥을 먹다가도, 기분 좋게 여행을 가서도 갑자기 싸워요. 그럴 때마다 어떻게 해야 할지 모르겠어요. 괜찮은 척, 아무것도 모르는 척하지만 사실 그때마다 마음이 너무 아프고 무서워요. 처음에는 싸움을 말리려고 했지만 이제 저도 포기했어요. 대체 왜 그러는 걸까요? 이 싸움의 끝은 어디일까요? 우리 엄마 아빠도 이혼하는 건 아닐까요? 만약, 그렇게 된다면 저는 누구랑 살아야 할까요? 그리고 제 인생은 어떻게 되는 걸까요? 도저히 빠져나올 수 없는 깊은 동굴 속에 갇힌 느낌이에요. 그 안에서 제가 유일하게 할 수 있는 일이라고는 이어폰을 귀에 꽂고 음악을 듣는 것뿐, 어떻게 해야 할지 모르겠어요. 선생님, 어떡해요?

다미에게

이런! 다미가 엄마 아빠의 잦은 다툼 때문에 많이 힘들군요. 얼마나 무섭고 불안할까요? 음악을 듣고 있지만 아무리 볼륨을 높여도 그 사이로 삐죽삐죽 들려오는 엄마 아빠의 화난 목소리에 마음이 꽁꽁 얼어붙을 것 같아요. 그 순간이 빨리 끝나길, 그 공간에서 얼른 벗어나게 되기를 바라는 다미의 마음이 절절히 느껴져요.

어느 날부턴가 엄마 아빠가 자주 싸우는 모습에 놀랄 때가 있죠? 어쩌면 부모님은 다미 기억에는 없는 더 어릴 때부터 종종 다퉜을 수도 있는데요. 그때는 보이지 않던 엄마 아빠의 싸움이 이젠 너무 잘 보여 마음이 무척 아플 거예요. 동생이랑 싸우지 말라고 그렇게 이야기하면서 엄마 아빠는 맨날 싸우니 짜증도 나고요. 화가 나서 노트나 일기장에 '우리 엄마 아빠를 정말 이해할 수 없다.'라고 썼을지도 모르죠.

용기 내서 엄마 아빠에게 '사랑해서 결혼했을 텐데 도대체 왜 그렇게 싸우냐'고 항의하면 "어른들 일에 신경 쓰지 말고 공부나 해!"라고 야단치니 어안이 벙벙하죠. 왜 싸우는지 알고 싶은데, 알아야 엄마랑 아빠 사이가 좋아지도록 뭐라도 해볼 텐데, 답답하기만 하죠. 이유를 모르니 '나 때문은 아닌가? 혹시 내가 없으면 안 싸울까?' 고민도 하고, 그러다 이혼할까 봐 무섭기도 하죠. 엄마 아빠가 심하게 싸울 때면 차라리 이혼하라는 말이 목구멍을 타고 올라오지만, 막상 이혼한다고 생각하면 눈앞이 캄캄해지고요.

그런데 사실 다미처럼 엄마 아빠 싸움 때문에 걱정하는 친구가 생각보다 많아요. 친구들 부모님은 사이가 좋아 보이는데 우리 부모님만 문제인 것 같죠? 과연 그럴까요? 절대 그렇지 않아요. 행복해 보이는 친구 엄마 아빠의 모습은 지극히 일부분이에요. SNS 프로필이나 사진은 일상에서 아주 작은 한 부분, 남에게 보여주고 싶거나 보여줄 수 있는 부분만 보여주는 거예요. 가족처럼 하루 24시간을 계속 함께한다면? 글쎄요. 좋은 모습보다 눈을 흘기고 화를 내는 장면들도 꽤 많이 보게 되지 않을까요?

어느 날, 한 친구가 선생님에게 이런 말을 했어요.

엄마 아빠가 왜 이렇게 미워질까요?

"선생님, 얼마 전 미국에 사는 친구가 우리나라에 왔어요. 그래서 같이 놀러 갔는데요. 세상에! 그 친구네 엄마 아빠가 말싸움을 심하게 하더라고요. 깜짝 놀라 친구를 쳐다보니 걔는 아무 일도 아니라는 듯 웃으며 재잘재잘 이야기하더라고요. 저는 그런 상황이 되면 얼어붙는데 말이에요. 그 친구가 말하길, 미국은 주변에 이혼한 가정이 너무 많대요. 그러면서 어릴 때는 엄마 아빠가 싸우면 이혼할까 봐 무서워 울며불며 매달렸는데, 언제 그랬냐는 듯 잘 지내는 모습을 보면서 괜찮구나 싶어 무뎌진다더라고요."

어때요? 엄마 아빠 싸움은 비단 우리 집에서만 일어나는 일이 아닌 건 확실하죠? 생각보다 많은 친구들이 다툼이 잦은 엄마 아빠 사이에서 상처를 받고 있어요.

그렇다면 우리는 부모님이 싸울 때 어떻게 해야 할까요? 각자 성격이나 상황에 따라 대처하는 방식이 다를 거예요. 어떤 친구는 너무 우울해서 불행하다는 생각에 잠겨 있을 수도 있겠죠. 또 어떤 친구는 공부고 뭐고 내팽개치고 엄마 아빠 싸움 말리는 데만 전념할 수도 있겠고요. 좀 냉정한 친구는 '도대체 왜 저러는 거야?'라고 생각하며 한심하다는 듯 쳐다보곤 묵묵히 자기 할 일만 할 수도 있어요. 또 자기 때문에 싸운다는 생각에 부모님 눈치를 보면서 설거지나 청소 등 집안일을 거드는 친구도 있을 수 있죠.

자, 그런데 여기서 다미가 꼭 알아야 할 게 있어요. 부모님의 싸움은 다미와는 관련이 없다는 사실이에요. 그 싸움을 끝내는 데 다미가 할 역할이 거의 없다는 뜻이죠.

혹시 엄마 아빠가 싸우는 순간 그럴 만한 이유도 없는데 자신을 탓하지는 않나요? '나 때문이다. 내가 공부를 못해서다, 나처럼 못난 애가 태어나서다.' 이런 생각을 하지는 않나요? 엄마 아빠의 다툼에 많이 노출된 친구들은 자신도 모르게 그

런 생각을 하게 된다고 해요. 과연 그게 맞을까요?

아니에요. 부부싸움의 본질적인 이유는 엄마 아빠에게 있어요. 만약 내가 공부를 못해 싸움을 시작했더라도 결코 나 때문이 아니에요. 평소 못마땅하게 여기면서 참고 살다가 어떤 일이 발생하면 그것을 빌미로 싸우는 거죠. 다미도 시험을 못 봐속상할 때는 평소와 달리 동생이 말 거는 것조차 귀찮아 짜증내며 싸울 때가 있지 않나요? 바로 그런 거예요. 그러니 너무 깊은 죄책감이나 미안함에 사로잡히거나 엄마 아빠 사이를 중재하느라고 종종거릴 필요 없어요. 부모님의 싸움과 내 문제

아니야! 그게 아니야!
엄마 아빠가 더 많이
먹겠다고 그러는 거야!

는 분리해서 생각해야 한답니다.

두 분이 싸우면 이렇게 다짐해보세요.

'엄마 아빠의 싸움은 결코 내 잘못이 아냐. 혹 나 때문에 싸우는 것처럼 보여도 문제의 핵심은 엄마 아빠에게 있으므로 쓸데없는 죄책감을 느낄 필요는 없어!'

하지만 그렇게 다짐하더라도 분명 엄마 아빠의 다툼은 다미에게 큰 스트레스가 될 수밖에 없을 거예요. 그러니 이때 몰려드는 감정을 스스로 잘 살펴봐야 해요.

더운 여름날 바닷가에서 시원한 파도를 만나본 적 있죠? 바다에서는 끊임없이 계속 파도가 치는데요. 때로는 아주 크고 강렬한 힘으로 나를 덮치기도 하고, 때로는 잔잔하게 친구처럼 다가오기도 한답니다. 그러고는 이내 다시 되돌아가죠.

파도가 바람이나 날씨에 따라 다양한 모양으로 다가오듯, 엄마 아빠의 싸움에서 겪게 되는 스트레스나 감정은 어떤 날은 강렬하게, 어떤 날은 잔잔하게 머물다 갈 거예요. 파도가 나를 계속 덮치지 않고 사라지듯, 나의 고통이나 스트레스도 시간에 따라 서서히 사라진다는 뜻이죠. 부모님 간의 싸움에서는 자식이 할 수 있는 일이 별로 없어요. 안타깝지만 이 사실을 받아들이고, 너무 확대해석하지 않고 나의 하루를 또 열심히 살아가면 돼요.

스트레스를 해소하는 나만의 방법을 찾는 것도 중요해요. 다미는 무엇을 좋아하나요? 좋아하는 음악을 듣거나, 친한 친구와 수다를 떨거나, 웹툰을 보는 등 다양한 방법이 있어요. 부모님의 다툼으로 무기력, 우울, 불안에 시달렸던 나를 위로하며 보듬어 주는 거죠.

만약, 불안하고 우울한 감정이 사라지지 않는다면 혼자 삭이기보다는 삼촌이나 이모 등 주변의 믿을 만한 어른들에게 도움을 요청해 보세요. 누군가에게 힘든 내 마음을 이야기하는 것만으로도 속이 시원해지고 위로가 될 거예요.

자, 다미 친구. 이제 끊임없이 밀려드는 인생의 파도 앞에 설 준비가 되었나요?

스트레스 해소를 위한 나만의 방법을 찾아보세요!

어떻게 스트레스를 해소하나요?

나를 위로하는 방법이 있나요? 있다면 적어보세요.

내가 힘들 때 어떤 말을 듣고 싶나요?

그 말을 나 스스로에게도 해줄 수 있나요?

Part 3

친구들 때문에
돌아버리겠어요

어떻게 해야
좋은 친구가 될까요?

담이는 친구를 어떻게 사귀나요? 친구를 사귀는 일이 누군가에게는 쉬울 수도 있지만, 또 누군가에게는 수학 방정식 풀기만큼이나 어려운 일이기도 해요.

선생님이 학생들에게 "너희는 어떻게 친구를 사귀니?"라고 물으면 "새 학기마다 ○○쭈를 가지고 다녀요. 맘에 드는 친구 있으면 주려고요. 애들은 먹는 게 짱이라니까요!"라고 이야기하는 친구도 있고, "저는 먼저 인사해요. 인사만큼 좋은 방법이 없죠."라고 말하는 친구도 있어요. 또 "저에게 먼저 다가오는 친구와 친해지는 편인데요, 먼저 다가가는 게 저는 어려워서 새학기가 되면 마음이 힘들어요."라며 어려움을 호소하는 친구도 있답니다.

어릴 땐 놀이터에서 만난 아이들이나 엄마 친구의 자녀들과도 자연스럽게 친해져요. 하지만 10대 청소년기에 어린아이처럼 놀이터에서 놀 수도 없고, 엄마 친구의 자녀들과도 만나기 어렵죠. 그래서 보통은 제일 많은 시간을 보내는 학교에서 친구를 사귀게 돼요. 그럼 어떻게 해야 친구를 사귈 수 있을까요? 자, 이제부터 선생님이 친구를 사귀는 방법, 친구들과 좋은 관계를 유지하는 방법에 대해 알려줄게요.

앞에서 말한 친구처럼 새 학년이 되면 용기 내어 인사를 먼저 하거나 간식거리를 챙겨 반 친구들에게 나눠주는 방법도 좋아요. 하지만 먼저 다가가는 데 두려움을 느끼는 친구도 있을 거예요. 관심을 보였다가 혹시 상처를 받지나 않을까, 나에게 아예 관심이 없는 건 아닐까 걱정되기도 하니까요. 만약, 그렇다면 조급하게 친구를 사귀려 하기보다 주변을 둘러보고 나랑 잘 맞을 것 같은 친구를 찾아보는 게 좋아요.

내가 속한 학급의 모습을 떠올려봐요. 어떤 친구가 있나요? 나와 자리가 가까운 친구, 왠지 모르게 호기심이 생기는 친구, 왁자지껄 활발한 친구, 수줍은 얼굴로 조용히 웃는 친구 등등 다양할 거예요. 그중 친해지고 싶은 친구를 일단 마음속에 담아요. 그리고 스파이처럼 그 친구를 신중하게 관찰해요. 그 친구는 어떤 활동에 흥미와 관심을 보이는지 말이에요. 게임, 웹툰, 애니메이션, 영화, 아이돌 등 여러 가지 중 무엇에 덕질하는지 말이에요. 그러다 같은 관심사나 공통점을 발견하면 웃으며 다가가는 거예요.

"안녕. 네가 ○○ 게임을 하는 것 같던데 그 게임 좋아해? 나도 좋아하는데……."

"어제 SNS에 뜬 ○○ 봤어? 대박이더라."

자연스럽게 말을 걸어요. 웃으며 다가오는 친구를 무시하고 거절하는 친구는 거의 없답니다. 자신도 낯설고 힘든데 먼저 관심 가져주고 말을 걸면 오히려 고마워하죠. 먼저 다가가는 일이 누구에게나 쉬운 건 아니니까요.

자, 이렇게 친구가 생겼어요. 그런데 이게 끝이 아닌 거 알죠? 친구는 사귀는 데서 끝나는 게 아니라 관계를 지속하고 유지하는 게 더 중요해요. 내가 미처 알지 못했던 친구의 다른 모습을 보게 될 때도, 사소한 오해 때문에 다툴 때도, 생각지 못한 일로 멀어질 수도 있거든요. 그래서 우정이 깊어지기까지는 시간과 노력이 필요해요.

담이는 어떤 친구가 좋은가요? 그리고 어떤 친구가 되고 싶어요? 이야기를 잘 들어주는 친구? 마음을 이해해주는 친구? 유머러스한 친구? 무엇이든 다 멋지게 척척 해내는 친구? 그래요. 아마 그 모두가 되고 싶을지도 몰라요. 그런데 내가 원하는 대로, 우리 모두 원하는 대로 그런 멋지고 완벽한 친구가 되기는 쉽지 않아요. 단, 완벽하지는 않더라도 노력해서 오래도록 우정을 지속해 나갈 수는 있죠.

선생님이 관계를 유지하는 좋은 방법을 알려줄게요. 상담이론 중에는 '인간중심이론'의 창시자 칼 로저스가 말한 상담자

의 중요한 세 가지 태도가 있어요. 이 태도를 유지하면 상담뿐 아니라 일상에서 관계를 맺을 때도 많은 도움이 되는데요. 그 것은 '무조건적 긍정적 존중', '공감적 이해', '진솔성'이에요.

'무조건적 긍정적 존중'은 쉽게 말해 아무 조건 없이 존중하는 태도예요. 사람은 누구나 존중받고 인정받고 싶어해요. 이를 통해 자신이 소중한 존재라는 걸 느끼게 되거든요. 그럼 존중하는 태도는 어떤 걸까요? 첫 번째는 '잘 들어주는' 거예요. 친구가 말할 때, 아무리 내가 하고 싶은 이야기가 있어도 끊지 않고 끝까지 잘 들어주어야 해요. 또 친구가 이야기할 때 핸드폰을 만진다든가 다른 곳을 보지 말고 친구와 눈을 맞추는 게 중요해요. 그리고 고개를 끄덕이며 "아, 진짜?", "응, 그렇구나.", "아하!" 등 잘 듣고 있다는 표시와 추임새를 넣으면서 친구의 이야기에 관심을 표현해요.

여기서 잠깐! 친구가 하는 이야기를 비난해서는 안 돼요. 비난은 비판과 달라요. 헐뜯거나 나쁘게 말하는 거니까요. 만약, 비판이나 반대 의견을 말하고 싶다면 이야기를 다 듣고 나서 조심스럽게 건네야 해요. "네 생각도 맞지만, 나는 ~라고 생각해."라든가 "혹시 다르게 생각해보는 건 어떨까?"라는 식으로요. 구박하듯 말하거나 "넌 왜 그렇게 생각하냐?"며 코웃음을

친구들 때문에 돌아버리겠어요

치면 친구는 상처를 받게 돼요.

다음은 '공감적 이해'인데요.
공감(共感)이란 말 아시죠? 공감의 한
자 뜻은 '함께(共)' '느끼다(感)'예요.
즉, 다른 사람의 감정, 생각을 함께
느끼는 것, 내 눈이 아닌 친구의
눈으로 세상을 바라보는 걸 말해
요. 내 신발이 아닌 친구의 신발을
신고 세상을 걷는 일이죠. 친구가 속상하

거나 힘든 일을 당했을 때 그의 편에서 느껴보고 같은 마음을
경험하는 것이랍니다.

그러면 어떻게 해야 공감을 잘 할 수 있을까요? 공감에도 단
계가 있어요. 가장 쉬운 단계는 뭘까요?

먼저, 앵무새를 떠올려보세요. 어떤 특징을 가지고 있나요?
우리 말을 그대로 잘 따라 하죠. 친구 이야기를 앵무새처럼 되
돌려주는 거예요. 그러려면 친구의 이야기를 잘 들어야 하겠
죠? 예를 들어, 친구가 "나 이번 시험 진짜 열심히 준비했는데
완전히 망쳐버렸어. 공부 따윈 하고 싶지 않아."라고 했다면,
"진짜 열심히 시험 준비를 했는데 망쳐서 공부 따윈 하고 싶지

않구나!"라고 반응해주는 거예요. 녹음기처럼 들릴지 모르지만, 친구의 마음 그대로를 보여줄 수 있어요.

좀 더 따뜻하게 공감하려면 친구의 말이나 몸짓, 표정 등을 잘 살핀 후 중요한 감정을 알아채야 해요. 그리고 속상함, 화남, 억울함, 슬픔, 신남, 즐거움 등 친구의 감정에 가장 가까운 단어를 찾아서 덧붙이는 거죠. 예를 들면, "이번 시험 진짜 열심히 준비했는데 망쳐버려서 엄청 속상하겠다. 나라도 공부 따위 하고 싶지 않을 것 같아."라고요. 이런 말을 들으면 그 친구는 자기 마음을 이해하고 공감해 준 담이에게 고마움을 느낄 거예요. 우정도 더욱 단단해지고요.

마지막은 '진솔성'이에요. 진솔성은 관계 안에서 거짓이나 겉치레 없이 마음속 감정과 태도를 자각하고 표현하는 걸 말해요. 뒷담화를 하지 않고 친구에게 거리낌 없이 솔직한 감정을 표현하는 거죠. 그렇다고 친구에게 "너, 오늘 좀 재수없어." 같은 말을 거침없이 해도 좋다는 뜻이 아니에요. 친구가 오늘 왜 재수없게 느껴지는지 생각해보고, 그게 내 의견을 존중해 주지 않는 친구에 대한 서운함이라면 솔직하게 서운하다고 표현하는 거죠. "오늘 네가 내 생각을 너무 무시하는 것 같아 속상해."라고요.

친구들 때문에 돌아버리겠어요

혹, 친구 중에 겉으론 웃으
면서 뒤돌아서서는 뒷담화를
하는 친구가 있나요? 반대로 친구
의 뒷담화를 한 적은 없나요? 그건 진솔하
지 못한 태도예요. 물론, 친구에 대해 여러
감정이 들 때가 있을 거예요. 아무리
갑작스런 상황이라 해도 안 좋은 말을
쏟아내면 주워 담을 수 없어요. 신중
하게 생각하고 표현하는 연습이 필요
해요. 겉으로나 속으로나 친구를 똑같이
대해야 더욱 돈독한 우정을 쌓아갈 수 있으니까요.

> 나를 쳐다보지도 않고…
> 내 생각도 무시하고…
> 떡볶이도 안 사주고…
> ……

어때요? 하나씩 하나씩 연습해볼 수 있나요? 모두 그런 건
아니지만 여자 친구들은 대화를 통해 자신의 감정을 잘 이해
해주는 친구를 좋아해요. 남자 친구들은 어려운 일이 생길 때
의리를 지키며 자기편이 되어 적극적으로 도와주는 친구를 더
원하죠. 어렵긴 하지만 우정을 지속시키는 일에는 시간과 노
력이 필요하다는 걸 잊지 마세요.

우리는 완벽한 존재가 아니어서 친구에게 상처를 입히는 순
간도 더러 있을 거예요. 그러니 친구와 다투게 되더라도 소심

해야 해요. "넌 정말 최악이야." 같은 인격을 모독하는 말은 해서는 안 돼요. 친구의 어떤 점 때문에 화가 났는지, 왜 속상한지 이유를 말해주는 게 좋아요. 만약, 실수로 그런 말을 했다면 될 수 있는 한 빨리 사과해야 해요. 시간을 오래 끌면 오해가 쌓여 관계가 더 나빠질 수 있거든요.

이제 새로운 친구를 사귀고, 그들과 더 돈독한 관계를 유지해 가려는 마음이 생겼나요?

담이 친구! 공부도 그렇고 여러 가지로 많이 힘들 텐데요. 이럴 때일수록 친구들과 잘 지내면서 함께 웃어봐요.

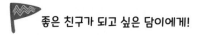 **좋은 친구가 되고 싶은 담이에게!**

나만의 친구를 사귀는 비법이 있나요? 있다면 무엇인가요?

없다면, 어떤 방법을 시도해 볼 수 있을까요?

내가 친해지고 싶은 친구는 누구이고, 어떤 친구인가요?

나는 어떻게 그 친구에게 다가갈 수 있을까요?

친구들이 나만
따돌리는 것
같아요

담이의 편지

선생님, 이상해요. 민이와 수아랑 나, 우리 셋은 정말 친한 친구였는데 어느 순간부터 저만 계속 따돌린다는 느낌이 들어요. 왠지 둘 사이에 제가 깍두기처럼 끼어 있는 것 같아요.

오늘도 점심시간 급식 후에 복도를 걸어가고 있었어요. 애들이 많다 보니 자리가 좁아서 제가 뒤로 슬쩍 비켜났거든요. 그런데 그 뒤로도 둘이서만 계속 앞서가더라고요. 저는 쳐다보지도 않고요. 뭐가 그렇게 재밌는지 낄낄거리며 이야기하는데, 거기서 제가 뭘 어떻게 해야 할지도 모르겠고 해서 그냥

친구들 때문에 돌아버리겠어요

고개를 푹 숙이고 따라갔어요. 그런데도 전혀 아랑곳하지 않더라고요.

그뿐만이 아니에요. 어제는 수아네 집에 놀러 갔는데 둘이 제가 모르는 이야기만 하는 거예요. 저는 아이돌에는 관심이 없거든요. 하지만 둘은 좋아하는 아이돌이 같아서 그런지 내내 아이돌 이야기만 하더라고요. 저도 대화에 끼고 싶었지만, 괜히 방해하는 것 같아 핸드폰만 만지작거리면서 앉아 있었어요.

한 반에서 생활해야 하는데 계속 이렇게 지낼 수 있을까요? 가장 친한 친구인 민이와 수아 모두와 멀어지면 어쩌죠? 어떻게 해야 할지 막막하고 답답해요.

담이에게

담이의 고민을 들으니 답답한 마음이 느껴져요. 혼자만 소외된다고 생각되면 선생님도 마음이 아플 것 같아요. 소외되고 있다고 생각하는 데는 이유가 있을 텐데요. 단순히 느낌상 그런 건지, 아니면 정말 어떤 변화가 있는 건지 알아봐야 해요. 평소 민이와 수아와 친하게 지냈던 담이라면 충분히 눈치챌 수 있을 거예요. 만약, 의도적으로 따돌린다는 생각이 든다면 친구들이 담이의 말을 자주 끊는다거나, 먼저 연락을 하는 일이 없었는지 곰곰이 생각해 보세요.

거의 모든 상황에서 의도적으로 담이를 소외시키려는 모습이 확인된다면, 이제 담이를 더 존중해주는 친구들을 만나는 게 좋을 것 같아요. 무엇보다 중요한 건 '나'라는 존재예요. 기억하나요? '나'를 존중하지 않는 관계는 애써 유지하지 않아도 돼요. 존중받지 못하는 데도 어떻게든 관계를 이어가려다 보면 결국엔 상처가 쌓여 무너질 수 있어요.

하지만 몇몇 상황에서만 그렇고 친구들의 태도가 크게 달라지지 않았다면 나의 오해는 아닌지 객관적인 눈으로 살펴보아야 해요. 우리는 어떤 일이 생기면 쉽게 판단하지만, 사실 상황과 감정 사이에는 '생각'이 있어요. 인지행동치료에서는 상황(사건), 생각, 감정의 관련성을 다음과 같이 표현해요.

친구들 때문에 돌아버리겠어요

A(Activation event)는 생활에서 일어나는 어떤 상황(사건)이에요. 내 행동 또는 다른 사람의 말이나 행동이죠. 예를 들면, 수아네 집에서 친구들이 아이돌 이야기만 했다는 게 바로 상황(A)인데요. 그 자체는 나에게 어떤 감정을 불러일으키지 않아요. 그 상황에 대한 생각(B)이 어떤 감정이나 행동을 불러일으키는 거죠.

B(Belief system)는 A(사건)에 대한 자기의 생각이나 신념이에요. 같은 상황이라도 어떻게 생각하느냐에 따라서 감정과 행동이 달라지는데요. B(생각/신념)는 '합리적 생각'과 '비합리적 생각'으로 나눌 수 있답니다. 합리적 생각은 현실적이면서 내 목표를 이루는 데 도움이 되는 생각이에요. 반면, 비합리적 생각은 현실적이지 않으며 목표를 이루는 데도 도움이 안 되죠.

비합리적인 생각에는 '항상', '꼭', '~해야만 한다' 같은 경직되고 비현실적인 전제가 깔려요. 예를 들어, '모든 사람은 나를 좋아해야만 한다.'라고 생각한다면, 조금이라도 나를 좋아하지 않는 느낌을 주는 사람을 만나면 불편해지겠죠. 반대로 합리적 생각은 '~하는 것이 좋다'라는 전제가 있어요. '모든 사람이 나를 좋아하면 좋겠지만 그렇지 않을 수도 있어.'라며 예외도 인정하는 거죠. 어때요? 훨씬 더 현실적이죠?

담이가 이야기한 상황을 예로 들어볼게요. 친구들이 둘만 이야기하는 걸 보고 '우리 셋은 친하니까 항상 같이 대화를 나눠야 해.'라고 생각할 수도 있지만, '셋이 함께 대화를 나누면 좋겠지만 그렇지 않은 상황도 있을 수 있지.'라고 생각하는 거예요.(물론, 셋이 있는 상황에서 계속 둘만 이야기를 나눈다면 좀 그렇지만요!)

C(Consequence, 결과)는 A(사건)에 대한 B(생각)에 의해 일어나요. 생각에 따라 자연스럽게 어떤 감정이 따라오고 행동으로 이어지죠. 예를 들어, '우리 셋은 친하니까 항상 같이 대화를 나눠야 해.'라고

우리 셋은 항상 같이 얘기해야 되지 않니?

그건 니 생각이고!!

생각한다면 그렇지 않은 상황에서는 불안하고, 무시당하는 느낌도 들고, 화가 날 수 있어요. 그러면 서운해서 더 말을 안 한다거나 툴툴거릴 수도 있죠. 반면, '셋이 함께 대화를 나누면 좋겠지만, 그렇지 않은 상황도 있을 수 있어.'라고 생각한다면, 친구들의 이야기가 끝날 때까지 기다린다거나 "너무 둘만 얘기하는 거 아니야?"라며 슬쩍 대화에 끼어들 수도 있을 거예요. '상황 그 자체보다 그것을 해석하는 내 생각에 따라서 감정과 행동이 달라진다'는 사실을 기억해야 해요!

그렇다면 생각은 어떻게 바꿀까요? 내 생각이 현실적으로 그리고 내 삶에 유용한지 따져보는 거예요. 내 생각을 살펴보고 불쾌한 감정은 줄이고, 현실적이고 합리적인 쪽으로 바꾸는 거죠. 그렇게 하면 자신에게 도움이 되는 방법을 선택하고 행동할 수 있어요.

만약, '우리 셋은 친하니까 항상 같이 얘기해야만 해.'라는 생각이 확고하다면, '친하다고 해서 항상 같이 얘기해야 한다는 법이 있나? 나는 그런 적이 없나? 친구들이 실수하거나 알아차리지 못할 수도 있지 않을까? 소외된다고 생각하고 위축되면 오히려 내 손해 아닐까?' 이런 질문들을 해보면서 내 생각을 다시 한 번 살펴보는 거예요. 그러면 서운함이 사라지고 의심에서 벗어나 친구들을 편안하게 대할 수 있어요.

사실 나의 비합리적인 생각을 찾아내기는 어려워요. 생각은 환경에 따라 너무 빠르게 자동으로 이루어지니까요. 하지만 내 생각에 오류가 있지는 않은지 차근차근 찾아보세요. 비합리적인 생각은 대체로 반복되기 때문에 노력하다 보면 쉽게 잡아낼 수 있거든요.

앞서도 언급했듯 비합리적 신념은 '무조건', '늘', '항상', '~해야 한다.'라는 단어들과 연결될 때가 많아요. 살다 보면 예측이 안 되거나 예외적인 상황에 자주 맞닥뜨리게 되는데요. 그럴 때마다 화내고, 실망하기보다 어떤 생각 때문에 이렇게 불편한 감정이 드는지 한번 찾아보세요. 그러면 원인을 알 수 있을 거예요.

그럼 이제 내 생각에 새로운 도전장을 내밀어 보는 건 어때요? 나에게 도움이 되는 생각들로 전환할 수 있어요.

 **나의 ABC를 살펴봐요!**

지금 가장 불편한 상황을 생각해 보세요.(A)

그 상황은 내게 어떤 감정을 불러일으키고, 어떤 행동을 하나요?(C)

사건(A)과 결과(C) 사이에 나는 어떤 생각을 하고 있나요?(B)

내 생각 중에 비현실적이거나 비합리적인 생각이 있다면 적어보세요.

이 생각을 현실적이고 합리적인 방향으로 어떻게 바꿔야 할까요?

지금 기분은 어떤가요?

학교 친구들보다
SNS 친구가
더 편해요

담이의 편지

선생님! 저는 학교에서 매일 만나는 친구들도 좋지만, 사실 온라인 친구가 더 편하고 좋아요. 핸드폰만 있으면 언제 어디서든 소통할 수 있거든요. 내가 필요하면 약속하지 않아도, 밤 늦게라도 이야기를 나눌 수 있죠. 그래서 저는 제 속마음을 온라인 친구에게 주로 이야기해요. 얼굴도 모르고, 한 번도 만나지 않아서 그런지 어떤 때는 보고 싶은 마음까지 들어요.

그런데 엄마 아빠는 걱정이 많더라고요. 제가 아무리 괜찮은 친구라고 말해도 "그 친구를 어떻게 믿어? 이상한 아이면

친구들 때문에 돌아버리겠어요

어떻게 해?"라며 조심하라고 할 때가 종종 있어요. 제 마음을 모르는 부모님을 보면 답답한데요. 그럴수록 온라인상에서 몰래 엄마 아빠 흉도 보면서 친구와 더 많은 이야기를 나누죠.

사실, 엄마 아빠의 우려가 맞을 때도 있기는 해요.

어느 날, 엄마와 싸우고 속상해서 채팅방에 들어가 온라인 친구와 이야기를 나눴어요. 그런데 친구가 갑자기 사진 한 장을 보내는 거예요. 자신의 상처 난 팔이었어요. 자기는 마음이 힘들 때 자해를 한다며 저에게도 한번 해보라고 하는 거예요. 처음에는 그 사진을 보고 엄청 놀랐는데, 나중에는 한번 해볼까 하는 생각도 들더라고요.

그러고 나니 잘 모르겠어요. 온라인 친구가 편하긴 한데 걱정되는 부분도 있고, 그 안에서 좋은 친구를 잘 사귀는 방법은 없는지 알고 싶어요.

담이에게

담이가 온라인상에서 만나는 친구 관계에 대해 고민이 많군요. 누군지도 모르는 온라인 친구를 사귀는 게 맞는지, 부모님의 걱정이 이해되기도 하니까요. 아이들의 세계를 이해 못 하는 어른들을 보면 속상하고 답답하죠. 그런데 선생님이 이는 학생 중에도 비슷한 고민을 하는 친구가 있답니다.

우리나라는 IT 강국인 만큼 10대 친구들 대부분이 개인 컴퓨터나 스마트폰을 갖고 있죠. 그러다 보니 자연스럽게 온라인 공간에서 많은 시간을 보내게 돼요. 10여 년 전인 2013년도 여성가족부 통계를 보아도 청소년들이 SNS를 이용하는 주된 이유가 '친구와의 교제 때문'이라고 나와요. 온라인상에서 친구를 사귀는 고민은 꽤 오래된 거죠.

게다가 2020년, 전 세계에 코로나가 유행하면서 환경적으로도 청소년의 친구 관계에 많은 변화가 생겼어요. 코로나로 인해 학교에 갈 수 없는 상황이 계속되면서 학교 친구들과 얼굴을 마주하기가 쉽지 않은 상황이 된 거죠. 그런데 청소년 시기는 친구가 가장 필요한 때예요. 그러니 자연스럽게 오프라인 공간 대신 온라인에서 친구를 찾게 된 거예요. 코로나로 인해 모든 것이 변하고, 친구들의 만남과 교제의 장이 바뀐 거죠.

온라인 친구는 오프라인 친구보다 편한 게 사실이에요. 먼저, 오프라인에서보다 훨씬 친구를 쉽게 사귈 수 있어요. '딸깍' 클릭 한 번으로 친구 요청, 수락, 친구의 글에 '좋아요' 누르기 등 너무나도 쉽게 누군가에게 다가가는 일이 가능하죠. 또 직접 만나 얼굴을 보는 게 아니라서 더 솔직하게 내 마음을 드러낼 수도 있고요. 보여주기 싫은 모습은 가릴 수 있고, 익명

을 핑계 삼아 아무에게도 말하지 못했던 깊은 고민을 편하게
이야기할 수도 있죠. 게다가 마음에 들지 않으면 관계를 끊어
내기도 쉬워요. 학교에서는 친구랑 친해지기까지 시간이 걸릴
뿐만 아니라 싸우더라도 계속 보게 되니 단번에 관계를 끊기
가 쉽지 않잖아요. 하지만 온라인에서는 쉽게 말을 걸고, 실망
스러우면 바로 '차단'하면 되니 부담이 덜하죠.

　담이가 온라인 친구를 더 편하게 생각하는 마음, 선생님은
충분히 이해해요. 그런데 어른들은 왜 그렇게 자녀의 온라인
상의 만남과 소통을 걱정하고 염려할까요?

부모님은 온라인 속 관계에 치우치다 스마트폰 중독에 빠질까 봐 그게 제일 걱정인 거예요. 얼굴 보고 직접 만나는 친구들과의 관계보다 훨씬 편하다 보니 온라인상으로 만나는 친구도 더 많아질 테고, 그러다 보면 스마트폰을 사용하면서 많은 시간을 보내게 되잖아요. 실제로 국내의 한 연구를 보면, SNS상에서 친구나 팔로워 수가 많을수록, 온라인 친구들과 긍정적인 관계를 맺을수록 스마트폰 중독 경향이 높게 나타났어요.

또 온라인의 친구 관계에 몰입하면 할수록 오프라인에서, 학교에서의 사회적 관계가 축소되고 단절될 가능성이 커진대요. 물론, 그 반대의 경우도 성립하겠지요. 오프라인 친구와의 만남이 좋지 못할 경우 온라인상의 친구를 더 선호하게 되겠지요.

어떤가요? 편하다는 이유만으로 온라인 친구만 있어도 된다고 생각하나요? 그렇다면 자칫 생각지도 못한 어려움을 겪을수도 있다는 사실을 알아야 해요.

먼저, 온라인에서 만나는 친구의 모습은 실제와 다를 수도 있어요. 담이도 온라인에서 나를 드러낼 때는 좋은 면만, 자랑하고 싶은 부분만 올리지 않나요? 온라인상에서 사람들은 종종 '나'를 돋보이게 하기 위해 다른 사람의 사진을 올리거나,

나이나 학교, 직업 등을 속이기도 해요. 내가 아는 친구가 그 친구가 아닐 수도 있다는 거죠. 범죄를 목적으로 온라인상에서 활동하는 사람도 있으니 나도 모르게 디지털 범죄나 어떤 불미스러운 일에 휩쓸릴지도 몰라요.

주로 온라인상에서 교제를 하던 한 친구는 온라인에서 만난 학생들이 서로 싸우는 상황에 아무 상관없는 자신이 끼어들게 된 적이 있었다고 해요. 분위기에 휩쓸려 알지도 못하는 아이와 욕설을 퍼부으면서 싸운 거죠. 상대가 나를 모른다고 생각하기 때문에 온라인에서는 공격성이 쉽게 표출되기도 하거든요. 이처럼 나도 모르게 사이버 폭력에 노출되어 가해자로 몰

리거나 피해자가 될 수도 있어요.

또 온라인에서만 친구를 사귀다 보면 관계가 쉽게 끊어질 때가 많은데요. 직접 만나는 사이가 아니다 보니 이유도 모르는 가운데 차단을 당하거나 관계가 끊어지면 더 힘들고 어려운 시간을 보내게 되기도 하죠. 온라인상의 만남에만 몰입하다 보면 더 외로워지고 현실에서 더 멀어질지도 몰라요.

그럼 어떻게 하면 건강한 친구 관계를 맺을 수 있을까요? 온라인에서 만난 친구는 제대로 확인할 수 있는 장치가 많지 않다는 걸 늘 기억하고 신중해야 해요.

선생님이 부탁하고 싶은 건 '내 개인정보나 사진 등은 절대로 전송하지 않기'예요. 채팅을 통해 많은 이야기를 나누다 보면 내가 누구인지 안심시키고 확인시키려 나에 대한 정보를 알려주고 싶은 마음이 들 수도 있거든요. 또 친해지기도 전에 온라인상의 친구가 개인정보를 묻거나 만나자고 요구할 때는 어른들에게 꼭 알려야 해요. 자신도 모르는 새 개인정보가 범죄에 이용되거나, 직접 만났더니 내가 알던 사람과 전혀 다른 사람이 나와 충격을 받는 경우도 많아요. 심지어는 내가 보낸 사진에 성적 이미지가 합성되어 떠돌아다니는 디지털 성범죄의 희생양이 될 수도 있어요. 그렇게 사이버 폭력에 노출되고도 내 정보를 알고 있는 상대에게 해코지를 당할까 봐 신고조차 못 하고 힘들어하는 친구를 많이 만나봤어요. 그러므로 온라인상의 친구 관계에서는 나를 보호하는 기본 장치가 꼭 필요해요. 친구에 대한 믿음도 좋지만, 그 무엇보다도 중요한 건 나 자신이니까요.

좋은 관계라는 건 나의 멋진 모습만 보여주는 게 아니라 부족한 모습까지 보여주고도 수용되는 관계라는 걸 잊어서는 안 돼요. 그러려면 온라인에만 치우치지 말고 실제로 만나 마음을 나눌 수 있는 친구도 필요해요. 무엇보다 균형을 유지해 나가는 게 중요하답니다. 담이가 온라인 친구만큼 오프라인 친구와의 우정도 현실 속에서 두텁게 만들어가길 응원할게요.

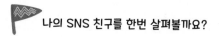 **나의 SNS 친구를 한번 살펴볼까요?**

친하게 지내는 온라인 친구가 있나요?

- -

- -

그 친구와는 어떻게 만났고, 어떤 대화를 주로 하고 있나요?

- -

- -

- -

나를 보호하며 관계를 맺고 있나요?

- -

- -

온라인 친구와 관계를 맺어나갈 때 예상되는 어려움과 조심해야 할 부분은 어떤 게 있을까요?

- -

- -

- -

나보다 잘하는
친구에게
자꾸 질투가 나요

담이의 일기

이번에도 민이가 나보다 더 좋은 성적을 받았다. 분명 나와 비슷한 시간을 공부했을 텐데 말이다. 단짝 친구라 잘 안다. 아니 이번에는 내가 더 늦게까지 공부하고 더 열심히 한 것 같은데……. 단짝 친구지만 늘 나보다 좋은 성적을 받는 민이가 부럽다. 그래서 이번에는 내가 더 좋은 점수를 받고 싶어 열심히 공부했는데, 이제는 부정할 수 없을 것 같다. 민이가 나보다 머리가 더 좋다는 걸…….

처음엔 '부럽다, 좋겠다.'라고만 생각했는데, 언젠가부터 자꾸

친구들 때문에 돌아버리겠어요

샘이 나더니 이젠 살짝 미워지기까지 한다. 사실은 나보다 시험을 더 잘 봤으면서 시험 못 봤다고 툴툴대는 민이가 얄밉다. 나는 영원히 민이를 이길 수 없는 건가? 이런 상상을 하는 내가 비참하면서도 한심하고 나쁜 친구가 된 것 같아 너무 싫다.

담이에게

담이 친구의 고민을 듣다 보니 선생님도 어떤 친구가 떠올랐어요. 고등학교 때 친했던 친구인데요. 별로 열심히 공부하는 것 같지도 않고, 수업시간에 분명 딴짓을 하거나 잠도 많이

어떻게 저렇게 잘하지…
아, 질투가 또 올라온다!

잤거든요. 그런데 밤을 새우며 공부했던 나보다 더 좋은 점수를 받는 거예요. 마음이 참 이상했어요. 부럽기도 하고, 질투도 나고, 화도 나고……. 그렇게 열심히 공부했는데 친구에 비해 낮은 점수를 받는 내가 너무 비참했죠. 실수로 몇 문제를 틀려 성적이 제대로 안 나왔다며 툴툴대는 친구에게 화가 나서 혼자 집에 가버리고 싶기도 했는데요. 얼마나 얄미웠던지 지금도 생생하게 기억이 나요.

공부뿐 아니라 운동이나 그림 등 많은 영역에서 나보다 더 뛰어난 친구를 볼 때면, 그러고 싶지 않은데 부럽고 질투가 나죠. 그건 아주 자연스러운 감정이에요. 담이가 이상하거나 나쁜 게 아니고요. 표현하지 않을 뿐 사람들은 이런 상황에서 비슷한 감정을 경험한답니다.

때론 내게 없거나 남들보다 못하는 어떤 것 때문에 열등감이 생기기도 해요. 열등감은 자기가 남보다 못하다고 낮게 평가하면서 드는 감정이거든요. 아무리 대단해 보이는 사람이라

친구들 때문에 돌아버리겠어요

도 모두 저마다의 열등감을 지니고 살아요. 그것은 남과 비교하면서 어쩔 수 없이 느끼는 콤플렉스니까요. 외모로 치자면 유독 통통한 내 얼굴, 무 같은 다리, 작은 키 같은 거죠. 또 학급 반장이 될 정도로 인기 많은 친구에 비해 나는 친구가 별로 없을 때도, 오래 전 선생님처럼 수업시간 내내 잠자는 친구가 나보다 성적이 더 좋을 때도 열등감이 든답니다.

앞서 '출생순서' 페이지에 나왔던, 개인심리학을 만든 아들러라는 심리학자 기억나나요? 아들러는 출생순서뿐만 아니라 많은 사람이 느끼는 '열등감'에 대해서도 말했어요. 지금은 모두가 다 아는 유명한 심리학자지만, 아들러야말로 열등감이 엄청났던 어린 시절을 보냈답니다. 그의 이야기를 들어볼래요?

아들러가 세 살 때 같은 침대를 사용하던 형이 죽었어요. 아들러 역시 건강하지 못했는데요. 두 번이나 차에 치이고, 폐렴을 앓고, 뼈가 약해 팔과 다리의 통증이 심한 데다 시력도 나빴대요. 성장하는 내내 사고와 질병에 시달렸죠. 이렇게 병약하고 예민했던 아이는 엄마의 사랑을 듬뿍 받고 자랐지만, 남동생이 태어나고는 그 사랑마저 빼앗겨버렸답니다. 결국, 상처와 고통으로 얼룩진 어린 시절을 보내면서 아들러는 어마어마한 열등감을 가지게 된 거죠.

하지만 그 아이는 자라서 지그문트 프로이트, 칼 융과 함께

'현대 심리학의 3대 거장'으로 손꼽히게 됩니다. 개인심리학의 창시자, '알프레드 아들러'가 바로 그입니다. 그리고 병약했던 어린 시절의 콤플렉스, 엄마에게 받은 상처, 소외되고 힘들었던 기억을 재료 삼아 인간에 대한 심도 있는 통찰을 끌어냈는데요. 고통스러운 어린 시절의 경험과 열등감을 극복하고 인간과 사회에 대한 관심을 훌륭한 연구결과로 집대성하여 많은 사람에게 희망과 용기를 주었답니다.

그는 이렇게 말했습니다.

"모든 사람은 상황과 관계없이 열등감을 경험하는데, 열등감은 나약하거나 이상하다는 의미가 아니라 창조성의 원천이다. 인간은 열등감을 극복하고자 노력하며, 결국 열등감을 극복해 나가면서 더 높은 수준으로 발전한다."

열등감이 자신을 발전시킨 원동력이었다는 고백이에요.

열등감을 없애고 싶을수록 사람은 그런 자신이 수치스럽게 느껴져요. 그러면 또 그걸 감추기 위해 많은 에너지를 동원하게 됩니다. 어떤 사람이나 상황을 자연스럽게 받아들이기보다는 자신과 비교하며 미워하거나 상황을 원망하죠. 그렇게 자신에게만 집중하며 방어적이고 이기적인 삶을 살기도 하는데

친구들 때문에 돌아버리겠어요

요. 아들러는 이런 상태를 '병적 열등감'이라고 불렀어요. 따라서 열등감을 아예 없는 것으로 치부하거나, 너무 깊이 빠져 스스로를 갉아먹는 대신 우리도 아들러처럼 지혜롭게 대처해야 해요.

열등감을 건강하게 극복한다는 건 어떤 걸까요?

먼저, 내가 가진 것을 찾아보는 데서 출발해요. 작은 것일지라도 누구나 재능은 있답니다. 그 재능을 찾아봐요. 담이가 가진 '재능'은 뭘까요? 재능이라고 해서 단지 남들보다 뛰어나게 잘하는 걸 말하는 게 아니에요. 좋아하는 것, '배려'하는 성품, 누군가를 생각하는 마음 등도 다 재능이거든요. 그중 하나라도 내가 가진 좋은 걸 찾아봐요. 찾아보면 다 있어요!

만약, 찾았다면 그것을 키워 누구랑 어떻게 나눌 수 있을지 생각해봐요. 아들러는 이를 일컬어 심리적 건강의 척도이며 '사회적 관심'이라고 불렀는데요. 더불어 살아가는 공동체 속에서 존재하는 인간의 행복은 사회와 밀접한 관련이 있다고 본 거예요. 사람

과 사회에 대한 관심은 긍정적인 상호작용을 하게 만들고 소속감을 제공하기 때문이죠.

우리는 나눔과 상호 존중을 통해 더욱 성장하고 발전해 갑니다. 재능이 아무리 많아도 나를 위해서만 쓴다면 빛이 나지 않겠지만, 누군가를 위해, 더 나은 사회를 만들기 위해 쓴다면 확연히 다른 삶이 될 거예요. 고통스러웠던 어린 시절 열등감을 승화시켜 다른 사람의 고통에 관심을 기울이고 그들을 돕는 상담자로 성장한 아들러처럼요.

담이도 나보다 뛰어난 친구의 성적, 재능에 집중해 나와 비교하며 속상해하기보다 내가 가진 것을 잘 살펴보고, 그것을 어떻게 나누며 살 수 있을까 고민해보면 좋겠어요. 기억해야 할 점은 나만 겨우 알아차릴 정도로 작고 사소한 장점이나 재능도 괜찮다는 거예요! 거기서부터 시작해 반짝반짝 보석 같은 나를 연마해 나가는 거죠.

광산에 다이아몬드가 가득 있어도 채굴하지 않으면 빛을 볼수 없어요. 그것을 꺼내려면 누군가 깜깜한 굴 안에서 고군분투해야 하죠. 무척이나 지루하고 힘든 작업입니다. 참고 포기하지 않는 사람만이 빛나는 다이아몬드를 채굴할 수 있어요!

보석처럼 반짝이는 내 재능을 찾는 과정도 똑같아요. 꼭꼭

숨어 있는 것 같지만, 힘들어도 포기하지 않고 나만의 보석을 찾으려 애를 쓴다면 반드시 나타날 거예요.

담이 친구의 재능은 무엇인지, 앞으로 어떻게 드러나 세상에 펼쳐질지 기대됩니다.

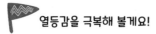 **열등감을 극복해 볼게요!**

내가 가진 열등감은 무엇일까요?(친구와 비교되는 어떤 모습, 생각하면 우울해지는 나의 어떤 부분, 친구에게 샘이 나는 지점)

아주 작고 사소한 것일지라도 내가 가진 '괜찮은 재능'은 어떤 게 있을까요?

'괜찮은 재능'을 주변과 어떻게 나눌 수 있을까요?

친구들의 뒷담화 때문에 혼란스러워요

담이의 편지

선생님, 저는 다섯 명의 친구들과 친하게 지내요. 그런데 언제부턴가 그중 하나가 우리 중 누군가의 뒷담화를 하기 시작했어요. 다른 아이들도 하나둘 동조하기 시작했죠. 전 그렇게 친구의 흉을 볼 때면 어떻게 해야 할지 모르겠어요. 옳지 못한 행동이라는 걸 아는 데다 저는 그러기 싫거든요. 하지만 그들과 함께하지 않으면 사이가 멀어질까 봐 겁나요. 어쩔 수 없이 같이하다 보면 괴롭고 미안해서 뒷담화 대상인 친구를 피하게 돼요.

내가 없을 땐 내 뒷담화를 할 것 같다는 생각도 들어요. 그리다 보니 불안해서 친구들이 모일 때는 빠지지 않으려 노력하죠. 또 평소에도 혹시라도 꼬투리 잡히는 행동을 하게 될까봐 긴장되고 소심해져서 아무것도 못 하겠어요.

담이에게

담이가 참 곤란하겠네요. 동조하자니 마음이 불편하고, 안 하자니 다음 대상이 내가 될까 두렵기도 하고요. 얼마나 불안할까요? '내가 없으면 분명 나에 대해 뒷담화를 하겠구나.' 생각하면 마음이 조마조마하고 엄청 신경 쓰이죠. 그런데도 선생님은 친구의 뒷담화에 동조하고 싶지 않은 담이의 마음을 충분히 느꼈어요. '이건 아냐!'라는 담이의 생각이 보여요. 곤란한 상황들도 충분히 이해되고요.

뒷담화는 건강하지 않은 대화예요. 누군가에 대해 뒤에서 이러쿵저러쿵한다는 건 떳떳지 못한 행동이죠. 더군다나 다수가 한 친구의 흠을 잡아 이야기하는 건 간접 따돌림이라 할 수 있으며 미래의 관계까지 해치는 행동이에요.

아무 생각 없이 시작한 작은 행동도 반복하다 보면 습관이 돼요. 그러면 바꾸기 힘들죠. 뒷담화를 하면서 친구들과 친해

친구들 때문에 돌아버리겠어요

지면 그다음부터는 새 친구와 친해지기
위해 다른 친구를 뒷담화하는 행동을
반복할 수도 있어요.

　중요한 건 뒷담화는 담이
의 마음도 해친다는 거예
요. 당장은 동조하지 않으
면 나도 당할 것 같아 불안
하겠지만, 그래도 하지 않
는 게 좋아요. 언젠가는 반드
시 문제가 되어 터질 수밖에 없으니까요.

　담이뿐 아니라 친구들도 뒷담화는 문제가 있다고 생각할 거
예요. 그래서 휩쓸리지 않고 소신을 지키는 담이를 더 좋아하
게 될 거예요. 담이도 떳떳하고 자신을 신뢰하게 되겠죠. 하지
만 친구들의 기분도 상하지 않으면서 당당하게 뒷담화와 거리
를 두는 지혜는 필요할 것 같아요.

　담이는 친구들이 뒷담화할 때 어떻게 하나요? 자기 생각도
말하며 적극적으로 함께하나요? "맞아 맞아." 정도로 추임새
만 넣는 편인가요? 아니면 슬쩍 화제를 전환하려 노력하나요,
혹은 모른 척 무시하나요?

어떤 태도를 보이나요? 웃나요, 어색한 미소를 짓나요, 핸드폰을 보거나 딴 짓을 하나요? 어떤 표정, 몸짓, 손짓, 눈빛을 보이는지는 '말'만큼이나 중요해요. 그래서 친구 뒷담화 자리에서 과연 나는 어떤 태도를 취하는지 남이 관찰하듯 봐야 해요.

우리는 보통 입에서 나오는 말, 즉 언어로 소통한다고 생각하지만 꼭 그렇지는 않아요. 말투, 몸짓, 태도 등의 비언어적 메시지가 주는 의미도 강력해요. 연구에 따르면 언어적 메시지는 단지 7~10%의 영향을 줄 뿐이라고 합니다. 말보다 눈빛이나 몸짓 등 시각적이고, 목소리의 톤 같은 청각적 메시지가 소통에 더 큰 영향을 미친다는 뜻이죠. 만약, 친구가 펑펑 울면서 "난 괜찮아. 아무렇지도 않아."라고 말한다면 그 말을 믿을 수 있을까요? '힘들어도 말하고 싶지 않구나.'라고 생각하겠죠.

뒷담화에 동조하거나 하지 않는 것도 말로만 이루어지는 건 아니에요. 마음이 불편한데 웃고 있거나 고개를 끄덕이는 행동은 상대에게 '계속 말해도 돼.' 혹은 '내 말에 동의하는구나.'

친구들 때문에 돌아버리겠어요

하고 생각하게 만들거든요.

뒷담화를 정말 원치 않는다면 어떤 태도로 내 마음을 전달할지 생각해봐야 해요. 예를 들면, 친구의 다른 이야기에는 적극적으로 호응하거나 반응하고, 뒷담화에는 침묵하거나 짧게 대답한 후 화제를 전환하는 거죠. '나는 뒷담화를 하고 싶지 않아.'라는 메시지를 그렇게 전달하는 거예요. 또 다른 좋은 방법이 생각나면 거울을 보고 연습해봐요. 내 모습이 어떻게 비칠지 거울을 통해 보는 거죠. 특히, SNS 메시지나 댓글 등으로 뒷담화에 가담하는 행위는 더 조심해야 해요. SNS의 글이 증거가 되어 학교폭력 등에 연루될 수도 있으니까요.

갈수록 미묘하고 복잡한 상황들이 많이 생겨 마음이 힘들 거예요. 지금의 내 행동이 앞으로 나를 더 힘들게 만들지 않을지, 관계를 깨뜨리지 않을지 걱정되기도 하고요.

담이는 지금 배워가는 중이에요. 사람을 배우고, 관계를 배우고, 내 마음을 알아차리고 표현하는 방법들을 배우고 연습

중인 거죠.

살면서 담이와 잘 맞는 친구들만 만난다면 정말 좋겠지만 모두가 그렇지는 않을 거예요. 속상하고 안타깝지만, 나와 너무 맞지 않는 친구, 계속 상처를 주는 친구와는 거리를 두는 것도 괜찮고 너무 많이 애쓰지 않아도 된다고 생각해요. 그럴 땐 쓸데없이 감정을 소모할 것이 아니라 사람을 아끼고 배려하는 친구에 대해 더 많이 생각해보는 게 좋아요.

친구들 때문에 돌아버리겠어요

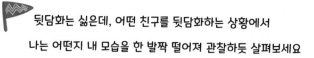

뒷담화는 싫은데, 어떤 친구를 뒷담화하는 상황에서
나는 어떤지 내 모습을 한 발짝 떨어져 관찰하듯 살펴보세요

나도 맞장구를 치는 편인가요?

나는 어떤 태도로 이야기를 듣고 있나요?

나의 태도는 상대방에게 어떤 생각과 느낌을 들게 할까요?

뒷담화에 동조하지 않기 위해 나는 어떤 노력을 해야 할까요?

Part 4

여친과 자꾸
키스하고 싶어요

나만 여친이 없어요
매력이
없는 걸까요?

담이의 일기

드디어 내 단짝 친구 범이에게도 여친이 생겼다. 하아, 이로써 다들 모솔 탈출인가? 나만 남았다.

"어이, 모솔? 우린 데이트 가는데 넌 뭐하냐?"

놀려대는 친구들 때문에 학교도 가기 싫다. 모솔이란 단어는 도대체 누가 만든 거야? 누군 여친 안 사귀고 싶나. 내가 매력이 없는 걸 어떡하라고! 엄마 아빠는 날 왜 이렇게 낳은 거야? 그런데 애들이 나보고 생긴 것도 괜찮다고 하고, 키도 평균인데 왜 여친이 안 생길까? 내 매력은 뭘까? 남들이 보기에

여친과 자꾸 키스하고 싶어요

못생겼는데 애들이 거짓말하는 건가?

나만 모솔이라니 정말 창피하다. 친구들도 날 한심하게 보는 것만 같다. 지금쯤 친구들은 어디서 뭘 하고 있을까? 내 생각은 하나도 안 하겠지? 나도 여친 만나 데이트하고 싶다.

담이에게

여자친구가 있는 친구들 사이에 혼자 덩그러니 남겨진 담이가 그려져요. 여친을 사귀고 싶고, 친구들과 함께 데이트하면서 신나게 놀고 싶은데 그렇지 못해 속상해하는 담이의 마음이 느껴져요. 그러다 보니 자신이 초라해 보이고 '내가 매력이 없나?' 혹은 '뭐가 부족한가?' 하는 생각도 들 거예요.

10대 청소년이 되면 누구나 이성에게 관심이 가고, 동성 친구 간의 우정과는 다른 특별한 관계에 대한 동경이 생기죠. 이성 친구를 사귀고 싶은 욕구가 마구마구 올라온답니다.

'모솔'이라니 어쩌면 놀리는 말처럼 들리는데요. 하지만 잘 생각해봐요. 이성 친구를 못 사귀어봤다고 해서 나에게 문제가 있는 걸까요? 아니에요. 아직 사랑이라는 감정이 싹틀 만한 친구를 못 만났을 수도 있고, 내가 좋아하는 친구가 나를 좋아하지 않을 수도 있거든요. 이유는 다양하고, 담이가 앞으로 자신과 잘 맞는 이성 친구를 찾아 사랑에 푹 빠질 기회 또한 얼마든지 있으니 조급하게 생각하지 않았으면 좋겠어요.

어릴 때부터 공부도 잘하고 아주 똑똑했던 앨버트 엘리스라는 심리학자는요. 수줍음 많은 자신의 성격을 고치기 위해 한 달 동안 모르는 100명의 여성에게 데이트를 신청하는 놀라운 도전을 했어요. 과연 몇 명의 여성이 데이트 신청에 응했을까요?

결과는 처참했어요. 99번 거절당하고 딱 한 번 승낙을 받았는데, 그마저도 여성이 약속 장소에 나오지 않았다고 해요. 충격적이죠? 1982년 미국과 캐나다의 임상심리학자들을 대상으로 한 설문조사에서 심리치료 역사상 가장 영향력 있는 사람 2위에 선정될 정도였는데도 말이에요. 그러면 보통 '내가 이렇게 매력이 없는 사람인가!' 자책하며 좌절하는 것도 무리는 아니겠죠. 그런데 그는 달랐어요. 오히려 이 일을 계기로 자신의 문제점이라고 생각했던 '수줍음'을 극복한 거죠. 그리고 결혼을 세 번이나 했어요(결혼을 많이 해서 좋다는 말은 결코 아니에요).

재미있죠? 앨버트 엘리스는 20대 초반까지 모솔인 데다 100번이나 데이트 신청을 거절당했지만 잘 극복하고 나중에는 멋진 인연을 만났어요. 어때요? 희망이 생기나요?

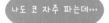

여자친구가 없다고 해서 자신이 매력적이지 않다고 단정 지을 필요는 없어요. 잘 생기고 예쁘다고, 공부 잘하고 똑똑하다고 모두 이성 친구가 있는 건 아니니까요.

심리학에서 말하는 매력의 조건이 있어요.

먼저, '근접성'이에요. 사람은 가까운 곳에 있는 대상, 자주 보는 대상에게 호감을 느낀다고 해요. 처음엔 평범하게 느껴졌는데 계속 만나다 보면 매력적으로 보이는 거죠. 그러니 너무 멀리서 말고 주변에서 호감 가는 친구를 찾아보면 어떨까요? 편한 친구와 가까이 지내다 보면 서로 매력을 느끼고 이성 친구로 발전할 수도 있답니다.

둘째, '유사성'이에요. 사람들은 자신과 비슷한 점이 많은 사람에게 마음이 끌려요. 담이가 처음 친구를 사귈 때도 비슷한 면을 가

137

아까 나 헤드락걸었지, 돌려주는 거야.

우리 오늘부터 1일이다~

진 친구에게 더 호감이 갔을 거예요. 이성 친구도 마찬가지예요. 공통점이 있을 때 마음이 끌리고 공유하려는 감정이 생겨요. 대화도 잘 되고 서로에게 공감하며 친밀감을 느끼죠. 담이가 이성 친구를 사귀지 못한 건 공통점을 바탕으로 즐겁게 소통할 친구를 아직 만나지 못했기 때문일지도 몰라요.

셋째, '호의의 상호성'이에요. 사람들은 자신에게 호의를 가진 사람에게 끌리게 되어 있어요. 담이도 나에게 먼저 다가오고 친절하게 대하는 친구에게 마음이 더 가죠? 또 받은 만큼 좋은 걸 돌려주고 싶죠? 이런 걸 호의의 상호성이라고 한답니다. 만약, 관심이 가는 친구가 있다면 자연스럽게 먼저 다가가 보세요. 그리고 친절한 태도로 이야기를 나누다 보면 그 친구도 호감을 품게 될 거예요. 사람은 누구나 센스 있는 호의와 조용한 친절에 마음이 녹는답니다.

자, 모솔 탈출을 못 한 이유가 내가 못나서도, 매력이 없어서도 아니라는 걸 이해했나요? 언젠가 나에게도 소중한 인연이

여친과 자꾸 키스하고 싶어요

다가올 거예요. 그때를 놓치지 않으려면 지금의 나를 좋은 인상의 멋진 사람으로 가꿔 놓아야 해요. 먼저 다가가고, 친절을 베풀고, 공감하는 힘을 키워나가면 모두가 좋아하는 멋진 사람이 될 거예요.

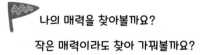 나의 매력을 찾아볼까요?

작은 매력이라도 찾아 가꿔볼까요?

내가 찾은 나의 매력

주변 사람들에게 물어봐서 찾은 나의 매력

매력도 가꿀수록 더 커진답니다. 나만의 매력을 어떻게 가꿔나가고 싶나요?

긴 시간 꾸준히 가꾸고 노력해야 하는 부분은 어떤 건가요?

나는 어떤 이성 친구가 되고 싶나요?

헤어지자는 여친에게
너무 화가 나요

담이의 일기

지수와 헤어진 지 벌써 일주일이 지났다. 서로 그렇게 좋아했는데 어떻게 헤어지게 되었는지 지금도 이해할 수 없고 믿어지지 않는다. 첫사랑이 이렇게 허무하게 끝나다니…….

공부를 이유로 헤어지자는데 나에겐 핑계로밖에 들리지 않는다. 내가 왜 싫어졌을까? 도대체 왜?

처음 헤어지자고 했을 때는 장난일 거라고 생각했다. 믿을수가 없었다. 시간이 지나면 다시 돌아올 거라고 생각했다. 그런데 감감무소식이다. 이제는 포기해야 하는 건가?

난 이렇게 괴로운데 지수는 나와의 이별이 슬프지 않은지 친구들과 웃고 떠든다. 그 모습을 보고 있자니 너무 화가 난다. 이렇게 상처를 주고 자기는 아무렇지 않다니! 내가 좋아했던 그 아이 맞나? 도저히 용서가 안 된다.

나는 지수가 있어 매일매일 힘들어도 버텼는데, 꿈도 생겼는데, 다시 돌아온다면 무엇이든 할 수 있을 것 같은데……. 밥도 안 넘어가고, 머리도 지끈지끈 아프고, 밤이 되면 눈물이 난다. 아무것도 하지 못하는 내가 무기력하고 바보 같다. 화가 치솟다가, 침울해졌다가 내가 정말 이상하다. 친구들은 이제 그만하라지만 나는 그럴 수가 없다. 오늘도 이별 노래를 들으며 슬픈 마음으로 하루를 보낸다. 이 이별의 끝은 언제쯤일까? 내 마음이 편해질 때가 오기는 올까? 아, 모르겠다!

담이에게

첫사랑과의 이별 앞에 마음이 무너진 담이야!

일기장 속에 숨겨진 담이의 분노, 절망감, 눈물이 그대로 느껴져요. 선생님도 첫사랑이 떠났을 때, 매일매일 일기장에 남친 욕을 썼다가 '아니, 아니야. 욕한 거 취소할게. 제발 나에게 돌아와.' 호소하기도 했죠. 처음 경험하는 이별이 너무 슬프고 힘들어서 엉엉 울던 날들, 무기력했던 그때, 선생님 눈엔 세상이 온통 까맣게 변해버린 듯 밤하늘의 별조차 생기를 잃었던 밤들이 오래 됐어요.

지금 담이는 사랑하는 친구랑 헤어지고 무척이나 혼란스러울 거예요. 슬프고 화나고 나만 이상해진 것 같죠? 하지만 사람들은 사랑하는 이와 이별한 후 다양한 마음의 변화를 겪어요. 상실은 일상생활을 변화시킬 뿐만 아니라 슬픔과 고통을 안겨주는 사건이니까요. 사람들이 소중한 사람을 잃은 후에 겪는 감정의 변화를 연구한 학자가 있어요. 엘리자베스 퀴블러 로스(Elizabeth Kubler-Ross)라는 사람인데요. 그녀는 상실이라는 감정이 다섯 단계로 나뉜다고 했어요. 담이는 그중 어디쯤 해당하는지 한번 살펴보세요.

상실의 다섯 단계는 '부정(denial)-분노(anger)-타협(bargaining)-우울(depression)-수용(acceptance)'이에요. 단계라고는 하지만 과정으로 보는 게 맞는데요. 순차적으로 지나간다기보다 여러 번 반복적으로 왔다 갔다 할 수도 있어요.

먼저, '부정'이에요. 처음 이별을 하게 되면 사람들은 우선 이별을 부정해요. 담이가 일기장에 썼듯 그럴 리가 없나고 생

내가 차이다니

이건 현실이 아닐 거야!

각하는 거죠. 사랑하는 여친이나 남친이 나를 버리고 떠날 리 없다고, 이별을 부정하는 거예요. 친구나 가족에게조차 헤어진 사실을 이야기하지 않으며 이별을 받아들이지 않아요. 그러나 "세월이 약"이라는 말처럼 시간이 지나면서 떠나간 친구가 내 곁에 다시 돌아오지 않는다는 걸 깨닫게 되죠.

그러면 사랑하는 사람이 나를 버렸으며, 이젠 관계가 회복될 수 없다는 걸 알게 되면서 '분노'하게 돼요. 이별을 통보한 친구에게 "어떻게 나를 버리고 떠날 수 있어?" 따져 묻고 싶은데 그럴 수 없으니 혼자 욕을 하죠. 그러다가 한바탕 퍼부은 욕을 취소하면서 다시 돌아와 주길 바라고, 용서를 구하는 등 분노와 미련 사이에서 헤맨답니다.

그다음에는 그 사람만 돌아온다면

이런 나쁜 X 같으니…
어떻게 나를 찰 수 있지?
욕한거 취소. 용서해 줘.

여친과 자꾸 키스하고 싶어요

뭐든 다 하겠다며 자신과 '타협'
을 해요. 내가 더 괜찮은 존재가 되면
돌아올 거라고 생각하면서 그 사람만 돌아
온다면 공부도 열심히 하고, 착한 사람이
되겠다고 결심하죠.

    하지만 관계를 회복할 수 없다는
걸 깨닫게 되면 '우울감'에 빠지
는데요. 옛 추억을 생각하며 눈물
짓기도 하고, 앞으로는 좋은 사
람을 만나지 못할 것 같은 불안에
허우적대고, 다시는 사랑 따윈 하지 않겠노라 다
짐도 하죠.

그러다 서서히 모든 감정이 사그
라들고 나면 '수용'의 단계로
들어서는데요. 겉으로는 우울
하고 무기력한 모습으로 보일 수
있지만, 이별을 받아들이고 헤어진
연인의 선물이나 사진 등을 정리한
답니다. 그리고 다시 새로운 사람과
친밀한 관계를 맺게 되죠. 이별의 순

간에는 '과연 내가 누군가를 다시 사랑할 수 있을까?' 생각했을지 모르지만, 시간이 지나면 다시 사랑하는 사람을 만나는 거예요.

담이는 지금 어떤 단계에 있는 것 같아요? 물론 이 단계는 꼭 순서대로 진행되는 건 아니에요. 바뀔 수도 있어요. 단, 어떤 감정 상태에 머물든 그 감정을 온전히 표현하는 게 중요해요. 상실의 감정은 억누를수록 회복 시간이 더 오래 걸리거든요. 또 감정을 회피하다 보면 예상치도 못한 곳에서 이상하게 감정이 표출할 수도 있어요. 예뻐하던 강아지를 밀어내면서 소리를 지른다거나, 사람들 많은 곳에서 눈물을 쏟는다거나, 엄마에게 짜증을 낸다거나 하는 거죠.

이별을 한 사람들은 분노, 혼란, 공허함, 우울, 슬픔 등 다양한 감정을 경험하고, 친구 관계도 소홀해지며, 혼자 있고 싶어하는 등 행동의 변화도 다양해요. 그러니 '혹시 나만 이별의 늪에서 영원히 헤어 나오지 못하는 건 아닐까?' 의심하고 걱정할 필요는 없어요. 그것들은 소중한 것을 잃은 이후에 나타나는 자연스러운 반응일 뿐 절대 이상한 게 아니니까요.

슬픔과 탄식 등 지금 느끼는 모든 감정은 담이의 삶에 큰 자양분이 될 거예요. 이별은 삶의 여정 속에서 종종 일어나는 일이거든요. 마음껏 기대어 울 수 있는 친구나 가족과 함께하며 슬픔을 이겨내길 바랄게요. 혹시 그럴 만한 대상이 없다면 상담실을 찾아도 좋아요. 매섭고 추운 겨울도 언젠간 끝이 나고 꽃향기 가득한 봄이 찾아오는 것처럼 담이의 마음에도 언제 그랬냐는 듯 따스한 햇살이 스며들 거예요.

선생님도 응원할게요. 힘내요!

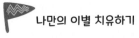 **나만의 이별 치유하기**

나에게 어떤 '상실' 혹은 '이별'이 있었나요? 그 경험을 떠올려보세요.

부정, 분노, 타협, 우울, 수용의 5단계 중 나는 어디에 있나요?

(   ) 단계를 지나고 있는 내게 어떤 말을 해주고 싶나요?

1년 뒤, 나는 어떤 모습이길 원하나요?

10년 뒤, 나는 어떤 모습이길 원하나요?

자꾸 키스하고
만지고 싶어요

담이의 편지

선생님, 제가 여친을 사귀게 됐어요. 그전에도 다른 친구를 사귄 적이 있지만 이런 감정은 처음이에요. 생각만 해도 설레고, 가슴이 저릿하고, 행복하면서 불안하기도 해요. 전에는 느껴보지 못한 마음이에요. 이런 게 사랑인가 싶어요. 어른들의 연애가 이런 걸까요? 게다가 우리는 얼마나 잘 맞는지 100일이 넘은 지금도 아주 따끈따끈하답니다.

그런데 무슨 고민이 있냐고요? 스킨십 문제예요. 우리는 손을 잡고, 포옹하고, 며칠 전엔 가벼운 키스도 했어요. 여친도

저도 너무 좋았는데요. 그러다 보니 여친이랑 있으면 자꾸 스
킨십이 생각나요. 키스하고 싶고, 만지고 싶어요. 사랑하는데
성관계도 괜찮지 않을까 하는 생각이 들 때도 있어요. 어떻게
해야 하나요?

담이에게

　담이 친구! 먼저 온 우주에서 충만한 행복감을 주는 여친을
사귀게 된 걸 정말 축하해요. 사랑하는 사람을 만난다는 건 모
두가 꿈꾸는 일이니까요. 예전에는 몰랐던 깊은 감정이 느껴
진다니 담이의 사랑이 더 무르익어 가는구나 싶어 흐뭇하네
요. 여친을 통해 담이도 이전에는 경험하지 못한 다양하고 복
잡한 감정들을 느끼고 인생을 배워가는 중일 거예요. 힘들 때
도 있겠지만, 어른이 된 것처럼 뿌듯하기도 하죠?

　반면, 깊어지는 마음만큼 몸도 더 친밀함을 원하다 보니 곤
란할 때도 많을 거예요. 사랑하면 손을 잡고 싶고, 손을 잡으면
포옹하고 싶고, 키스하고 싶고, 그다음으로 나아가고 싶은 건
인간의 본능이니까요. 스킨십도 사랑을 표현하는 하나의 언어
예요. 특히, 10대 사춘기는 성호르몬의 분비가 증가하면서 남
자와 여자로서 몸의 특징(성징)이 나타나는 시기인데요. 그래

서 사춘기의 사랑은 몸의 측면에서도 성적인 의미를 띨 수밖에 없어요. 자신은 이미 어른처럼 준비되었다고 생각하면서 진도를 나가야 하나 말아야 하나 고민하죠.

호르몬이 왕성해. 나도 이젠 어른이야!

호르몬

보통 스킨십을 계속하다 보면 마지막에는 '성관계'를 생각해요. 그런데 성관계는 아무리 주도면밀해도 100% 피임이란 없어요. 따라서 성관계 같은 연인 간의 아주 친밀한 행위에는 큰 부담과 책임이 따르죠. 사랑해서 시작했다가 자칫하면 부담, 불안, 두려움 등으로 감당하기 힘들어지고 관계가 깨질 수도 있어요. 성관계를 가지면 너무 좋을 것 같지만, 실제로 경험한 10대들 대부분은 밀려드는 복잡한 감정을 어떻게 해야 할지 몰라 서로에게 상처만 남긴 채 헤어질 때가 많거든요. 안 좋은 소문에 휘말리기도 하고요.

10대가 책임질 수 있는 영역에는 한계가 있어요. 모든 행동을 책임질 수 있는 성인이 아니니까요. 선생님은 그래서 10대 땐 성관계는 갖지 않는 게 좋다고 생각해요. 지금은 사랑 안에서 서로를 더 깊이 알아가는 감정을 경험하고, 또 그것을 조절

하고 표현하고 책임지는 연습을 해야 하는 시기예요. 연인으로서의 존재뿐만 아니라 어른의 준비단계로서 미래의 삶을 위한 학업이나 직업 등을 대비하는 시기이기도 하고요.

그럼 성관계까지만 안 가면 되는 거 아니냐고요? 키스하며 신체를 접촉하다 보면 그 이후 조절이 굉장히 어려워요. 성적 욕구는 그 순간 모든 것을 잊게 할 만큼 강렬해서 대부분 이성을 잃게 되죠. 모두가 계획하고 성관계를 하는 건 아니에요. 어쩌다 보니, 나도 모르게 분위기에 휩쓸릴 때도 많아요. 꼭 기억했으면 좋겠어요. 둘만 있을 때는 성적 욕구를 완벽하게 조

여친과 자꾸 키스하고 싶어요

절하거나 참을 수 없다는 것을요. 몸만 살짝 스쳐도 큰 자극을 느끼는 10대 때, 은밀한 공간에서 스킨십을 조절한다는 건 사실상 불가능에 가까운 일이에요.

사랑하면 은밀한 공간에서 둘만 있고 싶어져요. 그건 당연해요. 하지만 그래서 조절을 못 하는 상황들이 발생하는 거예요. 따라서 폐쇄적이고 은밀한 공간은 피해서 데이트를 하는 게 좋아요. 오히려 누구나 잘 볼 수 있는 야외에서 가볍게 스킨십을 하다 보면 둘 다 더 조심하고 조절할 수 있지 않을까요. 각자의 행동에 대한 책임을 질 수 있는 성인이 되기 전까

지는 말이죠.

여친과 스킨십에 대해 솔직한 이야기를 나눠보세요. 사랑하는 사람과의 진솔한 대화는 서로를 이해하고 신뢰할 수 있게 해주잖아요. 스킨십도 마찬가지예요. 성인이 되기 전에는 키스까지만 하자고 약속했다면 어떻게 지켜나갈지 함께 이야기하는 거예요. 절제하지 않았을 때와 절제했을 때의 장단점을 따져보고, 무엇이 더 아름다운 관계를 만드는지 생각해보는 것도 좋고요.

누군가를 사랑하게 되면 모든 걸 다 주고 싶고, 다 해보고 싶은 마음이 들어요. 선생님도 그렇거든요. 하지만 때로는 마음이 가는 대로 다 하기보다 절제하는 게 사랑하는 사람뿐만 아니라 나를 배려하는 결과를 낳아요. 그래서 궁극적으로 서로를 더 사랑하게 만들기도 해요. 사랑하니까 참아보는 것, 사랑하니까 배려하는 것, 사랑하니까 지켜주는 거죠. 불같은 사랑보다 절제하며 배려하는 사랑이 관계를 더 끈끈하고 오래가게 만들기도 한다는 걸 배우는 소중한 시간이 되길 바라요.

담이 파이팅!

여친과 자꾸 키스하고 싶어요

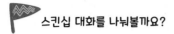 **스킨십 대화를 나눠볼까요?**

우리는 지금 스킨십의 어느 단계에 있나요?

앞으로 예상되는 어려움은 무엇일까요?

스킨십을 절제할 때 장점과 단점은 무엇인가요?

스킨십을 절제하지 않을 때 장점과 단점은 무엇인가요?

'책임질 수 있을 때'를 위해 우리는 어떤 노력을 할 수 있나요?

짝사랑하던 상대가
고백만 하면
싫어져요

담이의 일기

하, 또 시작이다. 분명 내가 먼저 좋아했는데, 걔가 나를 좋아한다고 하니 갑자기 싫어졌다. 불편하고 껄끄러워 며칠째 문자에 답장도 안 하고 피해 다니는 중이다. 그럼 내가 좋아했던 그 많은 시간은 도대체 뭐였단 말인가? 살짝만 웃어줘도 세상을 다 가진 듯 행복했고, 옆에 있기만 해도 심장이 쿵쾅쿵쾅 뛰는 바람에 숨을 참느라 혼났고, 혼자 걔를 생각하며 울고 웃고, 기뻤다 슬펐다 혼자 난리를 쳤는데…….

걔가 나를 좋아해 주기만 하면 세상이 다 내 것이 될 것만

여친과 자꾸 키스하고 싶어요

같았는데 왜 또 이러는지 모르겠다. 이런 적이 이번 한 번만이 아니다. 나는 왜 짝사랑하던 대상이 내게 고백하면 싫어질까? 분명 나에게 무슨 문제가 있다. 계속 피하기만 할 수도 없고…… 아, 어떻게 해야 할지 모르겠다.

담이에게

담이 친구! 진심으로 누군가를 좋아했는데, 그 친구가 나를 좋다고 하면 마음이 식어버리는군요. 그런 자신이 이해되지 않고요. 그런데 의외로 많은 친구가 담이와 비슷한 고민을 해요. 물론, 상황은 비슷해도 느끼는 마음은 각각 다르긴 하죠. 예를 들어, 짝사랑하던 상대가 고백하면 예측 못 한 상태라 당황스러울 수도 있고, 이렇게 좋아하는 상대와 사귀다가 헤어지게 될까 봐 불안할 수도 있죠. 또 이성과 사귀는 게 처음이라 걱정될 수도, 너무 부끄러워서 불편할 수도 있어요. 싫어졌다는 말에는 분명 이런 다양한 감정들이 들어 있을 거예요. 담이는 짝사랑 상대가 고백해온 순간 어떤 마음이 들었길

난 너 별로야.
날 잊어줘…

저것이 어제는 나 좋다고 그렇게 매달리더니…

래 이토록 싫고 불편한 걸까요? 담이가 혼란스러워하니 선생님이 이유를 찾아볼까요?

먼저, '사랑을 하는 내 모습'과 사랑에 빠졌을 수도 있어요. 이는 많은 10대들이 경험하는 일이에요. 10대의 심리적 특성 중에는 '나는 유일하고 특별하다'고 믿는 '개인적 우화(Personal Fable)'라는 게 있어요. 내 경험과 감정은 다른 사람은 절대 경험할 수 없을 만큼 유일하고 특별하다고 생각하는 거예요. 사랑도 마찬가지예요. 지금의 내 사랑은 유일무이하고 특별하며, 사랑에 빠진 내 모습이 너무 애틋해 마치 드라마나 영화의 주인공이 된 것처럼 어찌할 바를 모르는데, 갑자기 그녀가 좋아한다고 고백하는 바람에 현실이 되어버린 거죠. 그러면 '나의 특별한 마음을 이 사람이 이해할 수 있을까?', '내가 생각한 그런 특별한 사람이 아니면 어떡하지?' 하는 걱정에 상대가 부담스러워졌을 수도 있어요.

두 번째는 스스로를 어떻게 생각하느냐와 관련이 있어요. '나는 별로야.', '나를 알게 되면 싫어할 거야.', '나는 그렇게 사랑받을 만한 존재가 아니야.'라는 생각을 하고 있다면요. 예쁘게만 보이던 그녀가 나를 좋아한다고 말하는 순간 '보잘것없는 나를 좋아하다니 얘도 나처럼 별 볼 일 없는 사람 아닌가?'라는 의문이 들었을 수도 있어요. 더 멋진 친구들도 많은데 나를 좋아한다는 게 이해 안 되고 불편하기까지 하다 보니 '이 사람도 사실 별로일 거야.'라고 생각을 바꿔버리는 거죠. 심리학에서는 이를 '인지 부조화(cognitive dissonance)'라고 해요. 생각하고 믿는 것과 실제 보는 것 사이가 불일치하면, 실제 보이는 걸 바꿀 수 없으니 내 생각(믿음)을 바꿀 수밖에 없죠. '정말 멋진 사람이라면 나를 좋아할 리가 없어. 분명 별로일 거야.'라고 생각해버리는 거예요.

짝사랑하던 사람과 사귀는 행위는 새롭고 예측 못 한 미지의 영역이라 불안하기 때문일 수도 있어요. 인간은 처음 겪는 일에는 누구나 불안을 느껴요. 익숙지 않은 세상에 진입한다는 건 걱정되고 두렵죠. 내가 그토록 좋아하는 사람에게 실망하게 될까 봐, 내가 꿈꿔온 사랑과 달리 시시하고 재미없을까 봐 미리 차단하는 거예요. 또 혼자 좋아했을 때보다 막상 사귈 때 힘들었던 경험이 있다면 친밀해지는 것에 대한 두려움이 밀려올 수도 있고요.

혹시 이런 이야기들 중 고개가 끄덕여지

며칠 있다 할 걸!

는 부분이 있나요? 있다면 그걸 토대로 자신의 마음을 더 깊이 들여다보았으면 좋겠어요. '난 도대체 왜 이러지? 한심해!'가 아니라 '나는 내가 정말 궁금해. 난 제대로 알고 싶고 이해하고 싶어!'라고요. 맥락을 놓고 보면 이해 못 할 감정은 없어요. 다 이유가 있으니까 느끼는 거죠. 내 행동의 이유를 알면 마음이 편안해질 수 있답니다.

담이 친구! 빠르게 결론을 내리고 선택을 하기보다는 자기 마음을 만나는 시간을 충분히 가졌으면 좋겠어요. 다만, 상대를 계속 기다리게 하는 건 예의가 아니니 일주일 또는 열흘 정도의 시간을 달라고 분명하게 말해도 괜찮아요. 기다려줄 테니까요.

시간이 지나면서 불안과 두려움으로 인한 싫다는 감정보다 좋아하는 마음, 알고 싶다는 마음이 더 커지면 용기를 내보세요. 하지만 계속 불편하고 불안하면 억지로 용기 내지 않아도 돼요. 무엇보다 내 마음이 중요하니까요. 그리고 설령 이런 과정이 반복된다 해도 언젠가는 용기를 내고 싶은 상대를 만날 거예요. 그러니 조급해하지 말고 먼저 솔직한 내 마음을 만나길 바라요. 담이 파이팅!

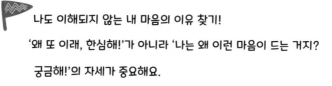

나도 이해되지 않는 내 마음의 이유 찾기!

'왜 또 이래, 한심해!'가 아니라 '나는 왜 이런 마음이 드는 거지?

궁금해!'의 자세가 중요해요.

나조차 이해 안 되는 나의 어떤 행동과 마음이 있다면 써주세요.

주로 언제 그런 일이 발생하나요?

그 이유가 무엇인지 생각해봐요. 내가 바라는 건 무엇일까요?
(나의 욕구, 소망 찾기)

내가 두려워하는 건 무엇일까요?

에필로그

나와의 관계에서부터 시작해 부모님과의 관계, 친구와의 관계 그리고 이성과의 관계까지 10대들의 가장 큰 고민을 상담을 통해 풀어봤어요.

10대는 물론 성인들도 점점 아는 건 많아지는 것 같은데 관계는 어렵고 힘들게만 느껴져요. 머리로는 '쿨하게 생각하면 되지.' 하는데 말처럼 쉽지 않아요. 그러니 우리 친구들은 친구와 작은 갈등이라도 생기면 가슴이 답답하고 학교 가기도 싫어지죠. 또 감정이란 놈은 어찌나 복잡다단한지 아무리 친해도 시기와 질투가 생기고, 어느 순간 미워지고, 작은 일로 촉발된 서운함이 눈덩이처럼 불어나기도 하죠. 누구한테 털어놓기도 어려운 크고 작은 관계의 문제로 인해 우리는 좌절하고 넘어지기도 해요.

이 책을 덮을 때는 그동안의 의문이 풀리면서 자신감이 조금 더 생겼으면 좋겠어요. 하지만 막상 눈앞의 현실은 녹록지 않을 거예요. 어른인 선생님도 사람 사이의 관계는 여전히 어려우니까요. 그러니 책에서 느낀 대로, 배운 대로 잘 안 되더라도 너무 자책하거나 실망하지 않았으면 좋겠어요. 이 세상에 완벽한 관계는 없으니까요.

어떤 관계든 미묘하고 복잡하고 어려운 게 당연해요. 잘 지내고 있다가도 생각지 못했던 불쾌한 감정을 느낄 수 있고, 자신이 굉장히 비참해지는 경험도 할 수 있고, 상대에게 엄청나게 실망하는 일이 생길 수도 있거든요. 관계는 변할 수도 있는데요. 그건 나뿐 아니라 모두가 경험하는 일이에요. 너무 전전긍긍하지 마세요.

사람들과 관계 맺기가 어렵더라도 너무 좌절할 필요는 없어요. 그 속에서 내가 조금씩 성장하고 있다는 걸 꼭 기억했으면 좋겠어요. 갈등이 나쁘기만 한 건 아니에요. 고통 없는 성장이 없는 것처럼 잘 되고 있든 그렇지 않든 그 관계를 통해 우리는 배워가는 중이니까요. 그리고 그 과정을 통해 '나'는 어떤 사람을 좋아하고 잘 맞는지, 어떤 사람과 잘 맞지 않는지, 어떤 상황에서 유독 힘들어하는지, 어떤 상황은 또 잘 극복하는지 등 나 자신에 대해 더 잘 알게 될 거예요.

너무 찌질한 내 모습에 놀라 뒷걸음질칠지도 몰라요. 그런데 수많은 갈등을 겪으며 한 걸음씩 내딛다 보면 찌질한 내 모습도 꽤 괜찮아 보이는 날이 올 거예요. 너무 잘하려고 애쓰기보다 흘러가는 대로 두면 스스로 문제가 풀리는 마법 같은 순간도 있어요. 그러니 조금 더 마음을 편하게 먹어도 된답니다.

다만, 이 한 가지는 꼭 기억하세요! 이 세상 그 어떤 것도 나 자신보다 더 소중한 존재는 없다는 사실을요. 계속해서 나에게 상처를 입히는 관계라면, 그 관계를 지키려 애쓰기보다 나를 지키는 데 힘을 더 쏟아주세요. 모두와 잘 지낼 수는 없어요. 모두에게 사랑받을 수도 없고요. 설령 내가 불편한 내색을 하고 좀 어색해져도 괜찮아요.

선생님은 10대 친구들이 관계 안에서 서로를 소중히 여기고 존중했으면 좋겠어요. 그렇게 나 자신을 사랑하고, 나 자신과의 관계를 소중히 여기며 다양한 만남의 장으로 용기있게 걸음을 내딛길 바랍니다. 분명히 여러분의 눈앞에 꽤 괜찮은 인생이 펼쳐질 거예요.

에필로그

나는 너를 모른다니까!

먼저 살고 봐야지~

느낀다⋯ 느낀다⋯ 느낀다⋯

나를 쳐다보지도 않고⋯ 내 생각도 무시하고⋯ 떡볶이도 안 사주고⋯ ⋯⋯

나를 보여주지 않을 거야ㅋㅋ

나는 누구지?

우리가 어떻게 알아?

우리 셋은 항상 같이 얘기해야 되지 않니?

이상해✗

잘 자고

밥 잘먹

엄마, 내 인생은 내 거라구욧!!!

내가 우리학교 고민 왕이야~

넌 바보야✗!

잘 놀고⋯

뭐라고?

난 왜 이렇게 공부를 못 할까?

그래그래 네 말이 맞아!

아, 갑자기 벽을 치고 싶어!

타임머신, 꼭 만들고 말겠어!

어떻게 저렇게 잘하지⋯ 아, 질투가 또 올라온다!

내 말은 아무도 안 들어 줄 거야.

아, 화가 난다 화가 나!!!

화가 났다가 엄마도 힘들었겠다 생각했어.

엄마가 내 친구 콩이보다 내 머리가 크다고 해서⋯

아, 생각대로 안 되네.

나는 용돈을 줄이고 싶어.

앞으로 우리 머리 크기 갖고는 친구들과 비교하지 말자!

아니다, 다르게 생각해야 해!

친구 말을 잘 들어줘야 한

엄마는 어때? 한번 생각해 봐.

나는 뭘 잘하지?

그래, 내가 공부를 못 하는 건 무슨 다른 큰 뜻이 있을 거야. 아빠도 공부를 못 했는데 잘 살잖아!

그건 니 생각이고!!

뭘?